1781

Frank Grube
Gerhard Richter

Die Schwarzmarktzeit

Deutschland zwischen 1945 und 1948

Einleitung Arno Surminski

Hoffmann und Campe

Es konnte nur noch besser werden…

Zu Beginn dieses Buches findet der Leser den Satz: ». . . aber dieses Leben inmitten von Trümmern, Kälte und Hunger hatte auch seine menschlichen Seiten.« In der Tat, auffallend viele Berichte über diese düstere Zeit erzählen von den heiteren Begleiterscheinungen. Da geht es darum, wie man Polizeistreifen narrte oder einfältigen Besatzungssoldaten glitzernden Firlefanz für Kaffee und Zigaretten verkaufte. Auch die Liebe kommt darin vor, die damals nach der Devise »Naturalien gegen Naturalien« gehandelt wurde. Gefälschte Raucher- und Zuckermarken, gute Beziehungen zu einem Vetter auf dem Wohnungsamt, unterschlagene Bezugsscheine . . . aus diesen Stoffen wurden die heiteren Geschichten der Schwarzmarktzeit geformt. Viel Galgenhumor steckte dahinter, Spaß am Überleben und die Freude des kleinen Betrügers, wenn er den großen Betrüger übers Ohr gehauen hatte.

Ich habe darüber nie lachen können. Meistens fielen mir rechtzeitig diejenigen ein, für die am Ende nichts zu lachen übrigblieb, die den letzten Goldring schon im Sommer 1946 versetzt hatten und im Hungerwinter 1947 nichts Versetzbares mehr besaßen. An die Kältetoten des Eiswinters habe ich denken müssen und an alte Leute, die nicht mehr die Kraft besaßen, mit dem Rucksack über Land zu reisen. Meiner Belustigung im Wege stand stets auch die Erinnerung an jene Eltern, die ihre letzten Werte zusammenkratzten, um auf dem schwarzen Markt das Wundermittel Penicillin für ihr krankes Kind zu kaufen, und die nur ein wirkungsloses Pulver erhielten. In dem berühmten Film »Der dritte Mann« geht es um diese bitterböse Seite der Schwarzmarktzeit. Kein Zweifel, es war eine ernste Zeit; das Lachen darüber fing erst an, als sie vorbei war.
In der Rückschau drängt sich eine Gestalt

in den Vordergrund, die der Inbegriff des Bösen war: der Schieber. Er trug viele Jahre die Hauptschuld des deutschen Mißgeschicks. Ihm lastete man es an, wenn die Menschen nicht einmal das wenige kaufen konnten, das ihnen auf Lebensmittelkarten und Bezugsscheinen zustand. Sogar die Stromsperren gingen auf sein Konto, verschwanden doch gelegentlich ganze Waggonladungen mit Kohle auf dem schwarzen Markt. Am liebsten hätte man den Schieber auch für die außergewöhnliche Kälte des Winters 1947 verantwortlich gemacht, die wie ein von der vielbemühten Vorsehung nachträglich angeordnetes Strafgericht über die Deutschen hereingebrochen war.

Heute ist mir klar, daß wir diesen Buhmann brauchten, um allen Unmut abzuleiten. Nach dem Ersten Weltkrieg beherrschte das Schimpfwort vom »Kriegsgewinnler« die Diskussion, während des Zweiten Weltkrieges trugen Kohlenklau, Verräter und feindliche Agenten die Schuld an dem, was den Deutschen zustieß, und nach 1945 war es eben der Schieber. Arbeiterdemonstrationen befaßten sich ausgiebig mit dem Schieberunwesen. »Die Schieber an den Galgen!« Solche Sätze wurden auf Transparenten durch die Trümmerstraßen getragen, und sie waren ernst gemeint. Ich zweifle nicht daran, daß die Mehrheit der Bevölkerung bereit gewesen wäre, Großschieber zur exemplarischen Abschreckung in mittelalterlicher Weise auf den Marktplätzen der Städte aufzuhängen. Diese Haltung war um so bemerkenswerter, als sich die meisten Menschen selber an den Schwarzmarktgeschäften beteiligten. Wer auf dem Lande lebte, freute sich, ein paar überzählige Kartoffeln gegen einen Kochtopf eintauschen zu können. Und die Städter trugen hinaus, was sie entbehren konnten, um Eßbares einzutauschen. Wer sich von diesem Kreislauf des schwarzen Marktes fernhielt, tat es nicht aus Überzeugung, sondern weil ihm Tauschbares fehlte oder er den Strapazen und Risiken dieser verbotenen Geschäfte nicht gewachsen war. Wir waren alle kleine Schieber, aber der Haß auf die großen Schieber, die wir uns wohlgenährt in Luxusvillen wie im Frieden lebend vorstellten, war ungeheuer. Militärregierung und deutsche Behörden sahen es vermutlich nicht ungern. Sie propagierten einen leidenschaftlichen Kampf gegen das Schieberunwesen. Die Strafen waren hart, sie standen denen des Dritten Reiches kaum nach. Schwarzschlachten, Schnapsbrennen oder Milchpanschen brachte die Schuldigen für viele Jahre ins Zuchthaus. Es kennzeichnet die geistige Verfassung Nachkriegsdeutschlands, daß kaum jemand diese Strafen mißbilligte, die nach heutigen Maßstäben unerträglich waren.

Im Gegenteil. Mit Freuden las die Normalverbraucherseele in der Zeitung von den Polizeirazzien in den deutschen Seebädern, bei denen die Schwarzmarktkönige aus ihren Hotelbetten geholt und der wohlverdienten Strafgerichtsbarkeit überstellt worden waren. Die hohen Strafen, der Polizeieinsatz, der laute Kampf gegen das Schieberunwesen ... es war Ablenkung und Alibi zugleich. Es ging darum, Dampf abzulassen, bevor der Kessel explodierte. Ich halte es für denkbar, daß die Ablenkung des Volkszorns auf den Schieber der demokratischen Entwicklung dienlich gewesen ist. Ohne diese Inkarnation des Bösen wäre aller Haß auf die deutschen Behörden und ihre Auftraggeber, die Sieger, niedergeschmettert. Es ist zweifelhaft, ob die junge Demokratie diese Last hätte tragen können.

Heute ist es angebracht, auch ein gutes Wort für den Schieber einzulegen. Nicht er hatte den Mangel verschuldet. Auch ohne das Schieberunwesen hätte das, was in den Nachkriegsjahren an Lebensmitteln, Kleidung und Brennstoffen vorhanden war, nicht ausgereicht, um den Überlebenden des Krieges ein menschenwürdiges Dasein zu gestatten. Das wußten auch die Behörden und die Alliierten. Sicherlich haben die Schwarzmarktgeschäfte die Lage in einigen Bereichen verschlimmert, aber nicht wenige verdanken dem Schieberunwesen ihr Überleben. Nur der Schwarzmarkt brachte es fertig, die letzte überzählige Mohrrübe der menschlichen Ernährung zuzuführen. Wie hätten sonst die zehn Pfund Kartoffeln, die in dem Keller eines Landarbeiters übrig waren, in die hungernde Großstadt kommen sollen, wenn nicht durch die Kanäle des schwarzen Marktes? Der Schwarzmarkthandel war die lebensnotwendige Ergänzung der offiziellen Planwirtschaft. Nur er konnte die letzten Reserven mobilisieren; er war »normaler« als die ins Groteske übersteigerte Planwirtschaft. Der schwarze Markt kann als Vorgriff auf die später folgende Marktwirtschaft angesehen werden; nur fehlte ihm die soziale Komponente. Sein Mangel war, daß er auf Arme und Kranke keine Rücksicht nahm, sondern nur denen gab, die eine Gegenleistung zu bieten hatten.

Ein Buch über die Schwarzmarktzeit muß notwendigerweise auch ein Wort zum Gegenstück dieses Marktes sagen, zur planwirtschaftlichen Verwaltung des Mangels, wie sie damals nicht nur in Deutschland üblich war. Die deutschen Behörden besaßen Übung darin, denn schon seit 1939 herrschte das Marken- und Bezugsscheinwesen. Das Kriegsende brachte keine wesentlichen Änderungen. Nicht einmal in der Numerierung gab es nach der Stunde Null eine Zäsur; die Planwirtschaftler zählten einfach weiter und konnten im Frühling 1947 das Jubiläum der 100. Zuteilungsperiode feiern. Nach dem Kriege war die Verwaltung des Mangels besonders schwer. Die Bevölkerung hatte den zutreffenden Eindruck, im Kriege habe es mit der Zuteilung von Lebensmitteln besser geklappt. Das war allerdings kein Kunststück gewesen, denn während des Krieges waren die Vorratskammern gefüllt und das besetzte Europa hatte zur Ernährung Deutschlands kräftig beitragen müssen. Einer Planwirtschaft mag es gerade noch

gelingen, reichlich vorhandene Vorräte einigermaßen gerecht zu verteilen, hoffnungslos überfordert ist sie, wenn der Mangel zur Dauererscheinung wird. Eine entscheidende Rolle spielte dabei der Zeitfaktor. Bis die Bürokratie das Vorhandene registriert und aufgelistet hatte und endlich Entscheidungen treffen konnte, waren die Verhältnisse schon nicht mehr so. Gutgemeintes wurde zum baren Unsinn, weil es zu spät kam. So erging in der britischen Zone erst im Jahre 1948 ein Gesetz, das die Kartoffeln der Ernte 1947 beschlagnahmte. Viele Verordnungen hatten nur Alibifunktion, sollten zeigen, daß überhaupt etwas getan wurde. So erging am 18. 12. 1947 in der britischen Zone ein Gesetz, das die gesamte Kuhmilch beschlagnahmte und den Bauern zur eigenen Versorgung einen halben Liter täglich pro Familienmitglied beließ. Wie so ein Gesetz auf einem Bauernhof praktiziert werden sollte, ohne die Kuhställe unter ständige Polizeiaufsicht zu stellen, war vermutlich auch den Gesetzesmachern schleierhaft.
Eine weitere Merkwürdigkeit der Planwirtschaft muß noch erwähnt werden: Jede Regelung zog weitere Regelungen nach sich. Immer feiner wurden die Verästelungen der Bewirtschaftung. Nicht nur Kaninchen und Hühner galt es, behördlich zu erfassen, auch der Raucher, der in seinen Schrebergarten ein paar Tabakspflanzen setzen wollte, mußte zuvor zur Behörde. Sämereien durften nur zu bestimmten Terminen verkauft werden. Für das Sammeln von Reisig und Beeren in den Wäldern war ein Sammelschein erforderlich. Der Überraschungserfolg der Marktwirtschaft nach der Währungsreform war auch deshalb so nachhaltig, weil sich die Planwirtschaft hoffnungslos in ihren eigenen Stricken verfangen hatte.
Am Schluß dieses Buches steht die Bemerkung: »Die Chancen für eine politische und soziale Erneuerung Deutschlands, die nach dem Ende der Hitler-Herrschaft gegeben waren, sind weitgehend vertan.« Der Satz erinnert an Fragen, die heute besonders von jüngeren Menschen gestellt werden. Damals in der Stunde Null, so heißt es immer wieder, da hattet ihr die Chance eines wirklichen Neubeginns. Wie habt ihr sie genutzt? Ein leichter Vorwurf schwingt darin mit, ein Bedauern, daß die einmalige Gelegenheit ausgelassen wurde, eine gerechtere Gesellschaft zu schaffen. Aus der subjektiven Sicht der Nachgeborenen mag an dem Vorwurf etwas dran sein, objektiv halte ich ihn nicht für gerechtfertigt. Die Vorstellungen darüber, wie eine gerechte Gesellschaft beschaffen sein muß, haben sich in den letzten Jahrzehnten radikal gewandelt. Damals wünschten die arg gebeutelten Menschen nichts sehnlicher, als wieder persönliches Eigentum zu erwerben, und sei es nur eine Ziege oder ein Fahrrad. Wirtschaftliche Ungleichheiten wurden in viel stärkerem Maße als gegeben hingenommen, ohne darunter zu leiden. Es galt als legitim, durch Fleiß und Tüchtigkeit reich zu werden. Eine Ver-

änderung der Gesellschaft in dem Sinne, daß persönliches Eigentum eine untergeordnete Rolle spielt und die kollektiven Einrichtungen überwiegen, wäre nur gegen den Mehrheitswillen der Bevölkerung durchsetzbar gewesen. Was die Bundesrepublik Deutschland in den fünfziger Jahren wurde, entsprach weitestgehend den Idealvorstellungen, die sich die meisten Menschen in der Elendszeit von ihrem künftigen Staat gemacht hatten. Es wäre unfair, einem Staat nach dreißig Jahren einen Vorwurf daraus zu machen, daß er sich bemüht hat, so zu werden, wie es die große Mehrheit seiner Bewohner haben wollte.

Übersehen wird auch, daß Erhebliches im Sinne einer Neuordnung der Gesellschaft geleistet worden ist, freilich immer auf dem Boden der alten individualistischen Wertordnung. So war der Lastenausgleich eine gewaltige Umverteilungsaktion. Diejenigen, die ihren Besitz über die Krieg hinweggerettet hatten, mußten Zwangsabgaben entrichten, um denen, die ihren Besitz verloren hatten, die Eingliederung zu erleichtern. Daß nicht alle armen Teufel etwas aus dem Lastenausgleich bekamen, sondern nur diejenigen, die Besitz verloren hatten, empfand man damals als gerecht. Über 100 Milliarden Mark sind im Laufe der Jahre über den Lastenausgleich umverteilt worden. Die Währungsreform von 1948 war ein Ereignis, über das wir heute nur noch mit verklärten Augen sprechen. Sie gilt als Wendepunkt der Nachkriegsgeschichte und Beginn des Wirtschaftswunders. Tatsächlich war sie noch mehr, nämlich auch ein gesellschaftspolitischer Einschnitt, vergleichbar mit dem Verlust aller Werte in der großen Inflation des Jahres 1923. Riesenhafte Vermögen gingen praktisch über Nacht verloren, weil die Währungsreform alle Geldwerte im Verhältnis 10 : 1 zusammenstrich.

Wer den Alten vorwirft, sie hätten die Chancen der Stunde Null besser nutzen sollen, übersieht auch die damalige Ausnahmesituation. Essen, Trinken, Anziehen, Wärmen standen in einer so beherrschenden Weise im Vordergrund, daß jeder weiterführende Gedanke einem intellektuellen Luxus gleichkam, den man sich ohne schlechtes Gewissen nicht leisten konnte. Mit knurrendem Magen und kalten Füßen, bei Stromsperre im dunklen Zimmer und ausgehendem Ofen läßt sich nur sehr unvollkommen über eine gerechtere Gesellschaftsordnung nachdenken. In Ausnahmesituationen konzentriert sich alles auf das Nächstliegende, und das waren nicht Ideen zur Beglückung der Menschheit, sondern Pellkartoffeln und Bratheringe.

Was ist übrig geblieben von jenen Jahren? Die Prägungen der sogenannten »schlechten Zeit« sitzen vermutlich tiefer, als wir zugeben wollen. Millionen Menschen haben damals ihre entscheidenden Erlebnisse gehabt. Noch heute begegnen wir ihnen täglich. Das sind diejenigen, die immer noch nichts wegwerfen können, die es für selbstverständlich halten, daß Teller leergegessen werden, denen fast die Tränen kommen, wenn sie sehen, wie in unseren Gärten des Überflusses das Obst reift und verdirbt. Sie horten und horten für den nächsten Winter, für den nächsten Krieg, für das nächste Leben. Noch immer kommt es zu ungebührlichen Menschenaufläufen in Deutschland, wenn jemand eine Kleinigkeit zu verschenken hat. Und auffallend ist die Hast, mit der sich seriöse Menschen auf ein kaltes Büfett stürzen, kaum daß die Teller freigegeben sind. Tief sitzt die Angst in uns, nichts mehr abzubekommen, zu spät zu kommen wie 1947 in den Schlangen vor den Lebensmittelgeschäften. Kopfschüttelnd sahen die skandinavischen Matrosen zu, als die ersten Deutschen in den fünfziger Jahren die Fährschiffe nach Schweden, Dänemark und Norwegen stürmten. Für ein paar Mark gab es an Bord ein üppiges skandinavisches Büfett; jeder konnte essen, bis ihm schlecht wurde, eine geradezu unglaubliche Gelegenheit. Der Andrang war würdelos, und man mußte darauf achten, vom Nebenmann nicht versehentlich mit der Gabel durchs Ohr gestochen zu werden.

Noch heute überkommt mich ein Gefühl der Demütigung und des Abgefertigtwerdens, wenn ich mich in eine Menschenschlange einzureihen habe. Ab zehn Metern wird es kritisch. Sind begehrte Eintrittskarten nur auf dem Umweg über eine Schlange zu erreichen, verzichte ich lieber. Trotz guten Zuredens stehe ich dem Skisport skeptisch gegenüber, und ich weiß auch, warum: Da gibt es immer die schrecklich langen Schlangen unten am Lift.

Für viele ist die Schwarzmarktzeit mit einem Schleier der Verklärung umgeben. Das hängt mit dem psychologischen Ausnahmezustand von damals zusammen. Die schlechte Zeit entschuldigte alles. Wenn ein Akademiker beim Bauern Mist auflud, sah das zwar komisch aus, galt aber nicht als menschliche Degradierung, weil überall die Ausnahme zur Regel geworden war. Arbeitslosigkeit, abgebrochene Ausbildung, Sitzenbleiben in der Schule, Armut, Geschäftspleiten, zerrüttete Ehen und uneheliche Besatzungskinder . . . alles war entschuldbar mit Krieg und Nachkriegswirren. Ach, sie waren so tröstlich, die wunderbaren Ausreden, die das Innenleben erleichterten und jeden Anspruchsdruck milderten. Der Satz »Die Zeiten sind eben schlecht« war ebenso Medizin für die Seele wie in den Jahren davor die Bemerkung: »Es ist eben Krieg.« Heute fehlt uns dieses Ventil. Das Unbehagen an unserer Gesellschaft hängt auch mit der Suche nach einem Ersatz für die herrlichen Ausreden zusammen, die damals so wohlfeil zu haben waren. Nun muß der »böse Staat« oder das »ungerechte Gesellschaftssystem« die Funktion erfüllen, die damals die »schlechten Zeiten« hatten.

Noch aus anderen Gründen sind die psychologischen Nachwirkungen jener Zeit bemerkenswert. Wer das Elend überstand, entwickelte ein Gefühl des Stolzes. In den Berichten über die schrecklichen Zustände

der vierziger Jahre schwingt unausgesprochen stets der Hinweis mit: So stark waren wir, daß wir das durchgestanden haben! Aber es ist kein Verdienst, durch das Elend gegangen zu sein, und es ist keine Schuld, diese Prägung nicht erfahren zu haben. Zum geistigen Hochmut, zum Herabschauen auf jene »verweichlichten« Menschen, die in diese Schule nicht gegangen sind, besteht kein Anlaß.
Bis ins nächste Jahrtausend hinein werden wir mit Menschen zusammenleben, die von Krieg und Nachkriegszeit geprägt worden sind, die noch immer alles aufbewahren müssen und nichts wegwerfen können. Wer von diesen Erfahrungen verschont geblieben ist, sollte es sich versagen, über die Schrullen der Alten zu lächeln. Noch ist nicht entschieden, ob unsere Überflußgesellschaft oder die Elendszeit näher am Normalen und Dauernden liegt. Betrachten wir die Geschichte auf die Länge, spricht einiges dafür, daß der gegenwärtige Wohlstand ein Zwischenspiel ist, das nur auf einem Teil der Weltbühne aufgeführt wird. Vielleicht sind eines Tages wieder Menschen gefragt, die aus Viehfutter Suppe kochen können und die wissen, an welchen Stellen im Wald die wilden Beeren wachsen.
Eines hat die Schwarzmarktzeit sicherlich bewirkt, sie hat dem folgenden Wirtschaftswunder den richtigen Glanz verliehen. Weil sich das Elend im Nachkriegsdeutschland so fest eingenistet hatte, entstand später die überschwengliche Aufbruchstimmung für die Reise in das gelobte Land des Wohlstandes. Das Pendel der Uhr schlug kräftig nach einer Seite aus und mußte um so heftiger zur anderen Seite zurückschnellen. Zur Zeit verharrt es auf der Seite des Wohlstandes, zitternd zwar, nicht recht wissend, wohin es sich wenden soll. Und wir starren irritiert auf das Uhrwerk. Dem einen fällt der Spruch ein »Nach mir die Sintflut«, der andere denkt an die Bibel: »Lasset uns essen und trinken und fröhlich sein, denn morgen sind wir tot.«
Weiß Gott, eines hatten uns die Bewohner des elenden Restdeutschlands nach 1945 voraus, sie besaßen eine Zukunftsperspektive. Für sie konnte es nur noch besser werden, und es lohnte sich zu überleben, um auf diese Zukunft zu warten.

Arno Surminski

1

So »reisten« Millionen während der Schwarzmarktzeit kreuz und quer durch Deutschland. Wer keinen Platz mehr in den überfüllten Abteilen oder auf den Trittbrettern fand, dem blieb nur noch das Dach (1). Wie Ölsardinen in der Büchse waren sie in den Abteilen zusammengepreßt. Zu Häupten der Reisenden türmten sich die Rucksäcke, deren Haken die üble Angewohnheit hatten, sich im Flechtwerk der Gepäcknetze festzukrallen, was auf jeder Station zu neuen Umständlichkeiten führte. Da war es dann manchmal bequemer und luftiger, gleich die »Aussichtsplattform« zu erklimmen. Auf tunnelreichen Strecken soll das aber so mancher hinterher bereut haben.

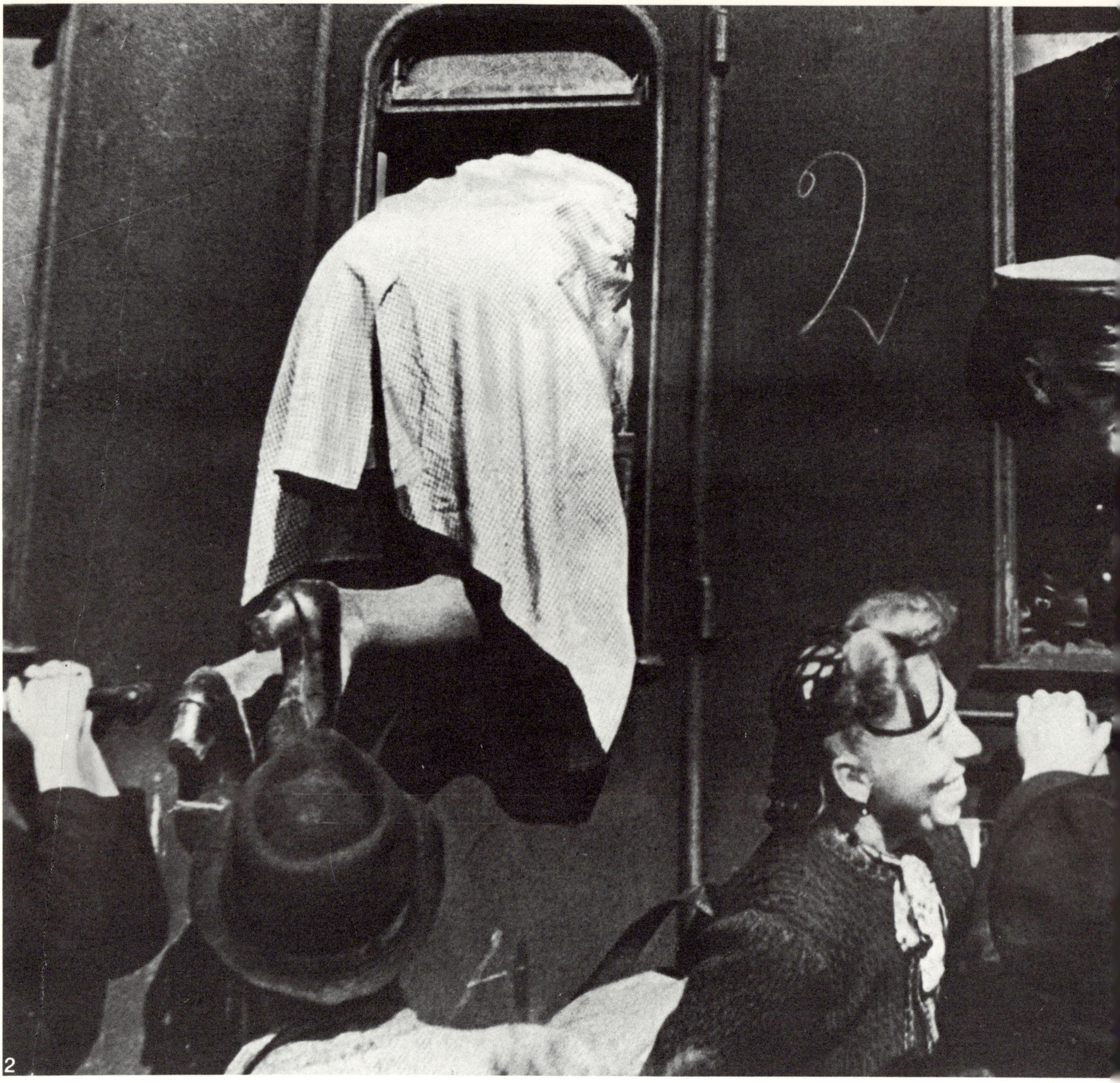

»Mitfahren« – egal wie! Das war die oberste Devise, denn die wenigen vorhandenen Züge verkehrten unregelmäßig, und Fahrkarten wurden mehr verkauft, als Plätze vorhanden waren. Die Konsequenz: Trauben von Menschen an den Zügen. Rücksicht wurde kaum genommen und die Sitze nach dem Motto verteilt: Wer zuerst kommt, mahlt zuerst (2). Ganz Schlaue benutzten die Kupplung eines Straßenbahnzuges als Stehplatz (3). Ob da wohl der Schaffner ein Auge zugedrückt hat?

3

Auch für die Kleinen mußte das Leben weitergehen. Der Weg zur Schule war für die Abc-Schützen des Hamburger Stadtteils Hamm zwar nicht gerade schön (4); in der Schule gab es jedoch wenigstens täglich etwas zu essen, und das war damals wichtiger als das Alphabet. Die »Schulspeisung« wurde von den Alliierten organisiert und auch abgewickelt. In der amerikanischen Zone gab es z. B. abwechselnd Haferflocken-, Erbsen- oder Milchsuppe mit Vanille. Bei diesem »Festmenü« schwänzte keiner die Schule (5).

Die Erwachsenen hatten es dagegen wesentlich schwerer: Sie mußten weite Wege zurücklegen, um etwas Eßbares zu ergattern. Dieses Ehepaar, ein ehemaliger Rektor der Hamburger Universität mit seiner Frau, fand erst in den Sanddünen von Sylt das, was es suchte. Vollbepackt wird der Heimweg angetreten (6).

Auch das gab es in der schlechten Zeit: Auf Sylt erinnert an den verlorenen Krieg im Sommer 1947 fast nichts mehr. Ein Kurgast frühstückt üppig auf dem Hotelbalkon mit Blick auf den Strand und die Strandkörbe (7). Aber nur wenige konnten die horrenden Preise bezahlen, die in den Badeorten für Unterkunft und Bewirtung gefordert wurden. Oft waren die Könige des schwarzen Marktes unter sich. Kein Wunder, denn eine Flasche Whisky kostete 800 Reichsmark, und für einen Tag Vollpension mußten 500 Mark hingeblättert werden. Dann stand aber genausoviel auf dem Tisch wie im Frieden.

Während die Schieber in Westerland und Timmendorf den Duft der großen weiten Welt schnupperten, vergnügten sich die Daheimgebliebenen auf ihre Weise. Ein gemeinsames Sonnenbad auf einem ausgebrannten Panzer (8) war zwar nicht jedermanns Sache, aber an dem Wunsch, zu zweit allein zu sein, hatte auch der Krieg nichts geändert.

7

I. Die Stunde Null

»Es war einmal ein Land, in dem gab es keine Zündhölzer. Und keine Sicherheitsnadeln. Und keine Stecknadeln. Und keine Nähnadeln. Und kein Garn zum Stopfen und keine Seide und keinen Zwirn zum Nähen. Und kein Seifenpulver. Und kein Endchen Gummiband weit und breit, und schmales auch nicht.«
So begann ein satirisches Märchen von Erich Kästner, das im Frühjahr 1948 in einem Münchner Kabarett zu hören war. Das Satirische daran: Es war kein Märchen, sondern bittere Wirklichkeit.
Sicher, es war bitter, das Leben in den Jahren zwischen Kapitulation und Währungsreform, zwischen dem 8. Mai 1945 und dem 20. Juni 1948, aber dieses Leben inmitten von Trümmern, Kälte und Hunger hatte auch seine menschlichen Seiten. Damals zahlte man nämlich selten mit Geld, sondern vor allem mit Ware. »Kompensieren« nannte man das. Für ein Pfund Fleisch erhielt man drei Flaschen Wein oder 15 Zigaretten, für eine Flasche Öl mußten drei Paar Damenstrümpfe (die guten seidenen mit der schicken Naht) oder ein Pfund Butter herbeigeschafft werden. Aber wie? Und woher? Das war die Kunst, die jeder, so gut er konnte, zu beherrschen suchte. Millionen lebten von der Hand in den Mund. Oft wußten sie nicht, wie sie über den nächsten Tag kommen würden. Viele hatten zuwenig zum Leben und zuviel zum Sterben. Aber neben diesem Kampf ums nackte Überleben gab es auch etwas, was heute vielfach verlorengegangen scheint und was diese Jahre für viele unvergessen macht: Gemeinschaftsgefühl und gegenseitige Hilfe, Humor und Herzlichkeit, Ausgelassenheit und Abenteuer. Wohl jeder, der dabeigewesen ist, wird sich an seine ersten Kontakte mit dem schwarzen Markt erinnern und die Abenteuer, die er auf seinen Hamstertouren erlebte. Eine Episode: »Auf einer Hamstertour hatte ich vom elterlichen Haus Kupfer-

geschirr als Tauschobjekt dabei. In einem Gehöft erhielt ich für einen kupfernen Fischkessel eine lebende Henne. Die Bäuerin sagte: ›Geh halt in den Wald und dreh ihr den Hals um.‹ Da ich noch nie ein Huhn getötet hatte, nahm ich das wörtlich und drehte den Kragen wie eine Drehorgel herum. Dann steckte ich das Tier in den Rucksack. Und als ich auf den Zug wartete, ging plötzlich ein Gegacker los.

Die Leute um mich herum empörten sich und hätten mich aus Angst vor einer Zugkontrolle am liebsten davongejagt. Sie drückten mich mit dem Rucksack gegen die Bahnhofsmauer, wo ich erst wieder wegkam, als die Menschenmenge zum Zug strömte.

Als ich später im Zug auf die Toilette ging, um nach meinem zukünftigen Braten zu sehen, war das Huhn durch den Druck bereits verschieden. Und zu Hause mußten wir feststellen, daß es ungenießbar war, da es nicht ausgeblutet hatte. Das Kupfer war weg, und die Lust am Hamstern war mir gründlich vergangen.«

In den Jahren nach der Kapitulation hatten alle Hunger, und findige Geister errechneten, daß auf jeden Deutschen nur alle fünf Jahre ein neuer Teller komme, alle zwölf Jahre ein Paar Schuhe, nur alle fünfzig Jahre ein Anzug. Nur jeder fünfte Säugling könne in seinen eigenen Windeln liegen, und jeder dritte Deutsche habe die Chance, in einem eigenen Sarg beerdigt zu werden. Die tägliche Fettration wog damals genausoviel wie eine leere Streichholzschachtel.

Weite landwirtschaftlich genutzte Flächen lagen brach, und ein Viertel der Fläche des deutschen Reiches war verlorengegangen. Die Versorgung der Menschen mit Nahrungsmitteln wurde zum Hauptproblem. Viele besaßen nicht mehr, als die Kleider am Körper. Die Tageskalorienmenge, die dem einzelnen zur Verfügung stand, betrug in manchen Gebieten weniger als 1000.

Das war der ideale Nährboden für jene leisen und schnellen Tauschgeschäfte, die einer ganzen Epoche ihren Namen gegeben haben – der Schwarzmarktzeit. Man flüsterte, was man feilzubieten hatte, und man flüsterte, was man suchte, man zahlte schnell, und man nahm oder gab schnell. Auf den – natürlich strengstens verbotenen – schwarzen Märkten konnte man alles beschaffen, was aus den Ladengeschäften längst verschwunden war. Leitwährung war die Ami-Zigarette. Für eine davon wurden bis zu 20 Reichsmark gezahlt.

Bei diesen exorbitanten Preisen verging manchem Liebhaber des blauen Dunstes der Geschmack. Viele hungerten jedoch lieber, als auf ihre geliebte Zigarette zu verzichten. Manchmal schien es, als sei das Schicksal der Nation unmittelbar mit den Namen Chesterfield, Camel oder Lucky Strike verknüpft.

Zigaretten standen im Mittelpunkt des Denkens. Starke Raucher hatten es besonders schwer. Daß sich aus sieben Zigarettenstummeln eine neue Zigarette drehen ließ, hatten sie bald entdeckt. Angenom-

men, man war sogar Besitzer von 49 Kippen, dann konnte man sich sieben Zigaretten drehen, aus deren sieben Stummeln dann wieder . . . Das Endprodukt muß beim Rauchen geschmeckt haben! Eine Atombombe für die Lungen – aber das sage man einmal einem Raucher.
Diese schreckten oft vor nichts zurück. Besonders in der Nähe der Kasernen der Besatzungstruppen sah man in diesen Tagen emsige Kreaturen, die unablässig den Boden absuchten – die Kippensammler. Viele setzten sich auf die Fährte eines Soldaten, der die Kaserne verließ, in der Hoffnung, daß er auf der Straße seinem Drang zum Rauchen nicht würde widerstehen können. Und die dann fällige Kippe bildete den Grundstein für ein neues, herrliches Rauchvergnügen. Wem das zu erniedrigend war, der versuchte es mit dem Tabakanbau im Garten oder im Blumenkasten. Eifersüchtig wurden diese Orient- und Virginiaverschnitte bewacht, notfalls auch vor der eigenen Familie. Für Zigaretten war nahezu alles zu bekommen. So kam es, daß auch der eingefleischte Nichtraucher in dieser Währung dachte und so Teil der Zigaretten-Zivilisation wurde.
Diese Jahre waren auch die Zeit, in der man für alles Schlange stehen mußte, in der Mädchen mit Mädchen tanzten, weil es zuwenig Männer gab, in der Schnaps selbst gebrannt wurde, in der hoffnungslos überfüllte Züge durchs Land fuhren und in der Rudi Schuricke tönte: »Wenn bei Capri die rote Sonne im Meer versinkt . . .«
Es war eine verrückte, eine hungrige und dennoch eine hoffnungsvolle Zeit. Denn schlimmer konnte es ja alles kaum noch werden.
Blenden wir zurück: Es ist der 8. Mai 1945. Feldmarschall Keitel unterschreibt in Karlshorst die Kapitulationsurkunde. Die Waffen ruhen. Der Krieg und zwölf Jahre Hitler-Herrschaft sind zu Ende. Endlich! Ein Aufatmen geht durchs Land. Es regnet nicht mehr Bomben vom Himmel, man kann wieder ruhig schlafen, und der Morgengruß heißt nicht mehr »Heil Hitler«, sondern schlicht »Guten Morgen«.
Tausende sind noch auf der Flucht, fliehen aus dem Osten, suchen nach ihren Angehörigen. Es sind zu viele, die eine neue Bleibe suchen. 25 Millionen Deutsche – Flüchtlinge, Evakuierte, Ausgebombte – sind aus ihren Heimatorten verschlagen worden. Die Hoffnungslosigkeit und das Leid der damaligen Zeit schildert der Bischof von Chichester: »Man muß die Flüchtlinge gesehen haben, um beurteilen zu können, was über sie hereingebrochen ist. Es gibt keine Worte, um ihr Elend beschreiben zu können. Sie haben noch das, was sie am Körper haben, und besitzen weder physische noch geistige Kraft. Sieben oder acht Millionen Menschen werden in dem schmalen Landstreifen zwischen Oder und Elbe von Stadt zu Stadt, von Dorf zu Dorf gejagt, weil niemand sie aufnehmen und ernähren kann.«
Das war die Stunde Null. Alles, was in mühevoller Arbeit errichtet worden war,

schien wie weggepustet. Millionen hatten nichts als die Kleider am Körper, flohen vom Osten in den Westen, über die damals noch grüne Grenze. Ein Augenzeuge berichtet: »Das Bemerkenswerteste an dem kleinen Bahnhof hinter Nordhausen war die unverantwortliche Verschwendung von Licht. Der einzige Bahnsteig war in gleißende Helligkeit getaucht, sogar vom Dach des Bahnhofsgebäudes strahlten Scheinwerfer ins Land hinaus. ›Von Stromsparen haben die noch nichts gehört‹, schimpfte der Fremde. Hunde kläfften. Jemand schrie: ›Halt! Stehenbleiben!‹ ›Ein paar erwischen die immer‹, meinte der Fremde gelassen. ›Aber die meisten kommen durch. Und wen sie erwischen, der versucht es nach einem halben Jahr wieder. Irgendwann schafft es jeder‹ . . . Nein, lebensgefährlich ist das nicht. Zwar laufen sie mit abgerichteten Hunden durch die Gegend, bauen Sperren auf Straßen und Feldwegen, schießen zur Warnung auch mal in den Nachthimmel, aber niemals gezielt.«
Sie fliehen über die grüne Grenze und kommen in ein von Trümmern übersätes Land. In Köln leben von den rund 730 000 Einwohnern der Vorkriegszeit nur noch 40 000 überwiegend in Kellern und notdürftig zusammengeflickten Häusern. Die Verkehrs- und Nachrichtenverbindungen sind unterbrochen. Allein 1300 Eisenbahn- und 1500 Straßenbrücken sind in der britischen Zone zerstört. Städte wie Köln, Koblenz, Hamburg, Hannover, Dresden oder Berlin sind nur noch ein Trümmerhaufen.
131 Großangriffe sind während des Krieges auf deutsche Städte geflogen worden: 29 auf Berlin, 21 auf Braunschweig, 19 auf Ludwigshafen und Mannheim, je 18 auf Kiel, Köln und Frankfurt am Main, je 16 auf Hamburg und Münster, je 15 auf Koblenz und Hamm und je 11 auf Hannover und Magdeburg. Der furchtbarste Schlag der alliierten Luftwaffe aber traf Dresden. In den beiden Nachtangriffen vom 13. Februar 1945 und dem anschließenden Tagesangriff auf die mit Flüchtlingen überfüllte Stadt starben mindestens 35 000 Menschen. Eine erschütternde Bilanz.
Die Monate, Wochen und Tage vor der Stunde Null sind ein Inferno. Aber jetzt, um die Mitte des Jahres 1945, macht der Friede seine ersten Gehversuche. Das geschlagene Volk der Deutschen beginnt aufzuräumen, was Hitler hinterlassen hat. Unter den Augen der Besatzungstruppen. Sie behandeln die Deutschen zunächst wie ein erobertes Volk. Plünderungen sind auch in den Westzonen an der Tagesordnung, Vergewaltigungen kommen auch hier vor. Roosevelt, der amerikanische Präsident: »Jeder einzelne Deutsche soll merken, daß Deutschland diesmal ein besiegtes Volk ist.« In einem Bericht, der erst Jahre später veröffentlicht wird, heißt es: »Sinnlos zerstörten die fremden Truppen Besitz in beschlagnahmten Häusern . . . sie nahmen Radios mit, sie stahlen Fotoapparate. Sie warfen Porzellan, Gemälde und Möbel auf die Straßen, übergossen diese Dinge ab und zu mit Treibstoff und zündeten sie an.«

Dies geschah, lange nachdem die Alliierten den totalen Sieg errungen hatten.
Die Briten bleiben ihrer kolonialen Tradition treu. Sie sonderten sich ab, lebten in einer Welt für sich, beschlagnahmten die schönsten Häuser und Villen und genossen manche Vorrechte. So gab es für ihre Frauen beim Friseur eigene Kabinen und in den wenigen Zügen, die damals fuhren, abgetrennte Abteile.
Viele, die auf der Seite der Siegermächte stehen und ihre Besatzerprivilegien genießen, merken gar nicht, daß sich schon wenige Wochen nach der Kapitulation Zwietracht unter den Siegern ausbreitet. Nachdem am 23. Mai die Geschäftsführende Reichsregierung des Großadmirals Dönitz in der Nähe von Flensburg verhaftet worden war und die Siegermächte die oberste Regierungsgewalt übernommen hatten, wurde der Beschluß, Deutschland in vier Besatzungszonen und Berlin in vier Sektoren aufzuteilen, vollzogen. Die geplanten Grenzen der Besatzungszonen stimmten aber nicht mit dem Verlauf der Fronten am Ende des Krieges überein. Britische und amerikanische Kampftruppen mußten sich aus Teilen Mecklenburgs, Thüringens und Sachsens zurückziehen. Anfang Juli rückten die sowjetischen Truppen vor und besetzten diese Gebiete. Zu dieser Zeit hatten sich aber bereits politische Spannungen zwischen der Sowjetunion und den Westmächten offenbart – vor allem wegen des rüden russischen Vorgehens in Polen und der Einflußnahme der Sowjets auf die Regierungsbildungen in den Balkan-Staaten und Österreich. Die Sowjets hatten das Gebiet östlich der Oder und Neiße, das eigentlich zu ihrer Besatzungszone gehörte, unter polnische Verwaltung gestellt. Ein Affront!
Churchill, der wohl als einziger Regierungschef der westlichen Welt die Brisanz dieser Entwicklung voraussah, hatte bereits am 4. Juni der amerikanischen Regierung mitgeteilt: »Ich sehe dem im Mittelabschnitt unserer Front beabsichtigten Rückzug der amerikanischen Armee auf unsere Zonengrenzen mit größtem Unbehagen entgegen, ist doch damit der Vormarsch der Sowjetmacht ins Herz Westeuropas und die Senkung eines Eisernen Vorhangs zwischen uns und dem ganzen Osten verbunden. Ich hatte gehofft, dieser Rückzug würde, falls er überhaupt erfolgen muß, von der Regelung vieler wesentlicher Dinge begleitet sein, die allein eine echte Grundlage des Weltfriedens darstellen könnten. Noch ist nichts von Bedeutung geregelt . . .« Eine wahrhaft prophetische Aussage!
Vor diesem Hintergrund trafen sich vom 27. Juli bis 2. August die drei Regierungschefs und ihre Außenminister in Potsdam: der amerikanische Präsident Truman und sein Außenminister Byrnes, Generalissimus Stalin und Außenminister Molotow sowie Premierminister Churchill und Außenminister Eden. Doch mitten in der Konferenz mußten Churchill und Eden ihren Platz räumen, weil die Labour Party die britischen Unterhauswahlen gewonnen

hatte. Nun nahmen Attlee und Bevin ihre Plätze ein. Ein weiterer Nachteil für den Westen. Das Potsdamer Abkommen brachte für Deutschland und das deutsche Volk im wesentlichen folgende Ergebnisse:

1. Stalin erreichte, daß das Gebiet östlich der Oder und Neiße (Breslau, Stettin) unter polnische Verwaltung gestellt wurde, bzw. die sowjetische Maßnahme im nachhinein gebilligt wurde. Die endgültige Westgrenze Polens sollte allerdings einem Friedensvertrag vorbehalten bleiben. Die Sowjetunion annektierte darüber hinaus das Gebiet um Königsberg.

2. Die Verwaltung Deutschlands sollte »in Richtung auf eine Dezentralisation der politischen Struktur und der Entwicklung einer örtlichen Selbstverwaltung durchgeführt werden«.

3. In ganz Deutschland sollten demokratische Parteien erlaubt und gefördert werden.

4. Es sollte keine deutsche Zentralregierung gebildet werden. Jedoch sollten zentrale Verwaltungseinheiten unter der Leitung des Kontrollrates tätig sein.

5. Man beschloß die deutsche Wirtschaft zu dezentralisieren. Deutschland sollte jedoch als wirtschaftliches Ganzes erhalten werden. Dem deutschen Volk sollten nach Bezahlung der Reparationen genügend Mittel belassen werden, um ohne Hilfe von außen existieren zu können.

6. Die Sowjetunion sollte 50 % aller Reparationen erhalten. Man einigte sich darauf, die Reparationen aus dem jeweiligen Zonenbereich zu entnehmen. Der Sowjetunion billigte man im Austausch gegen Nahrungsmittel und Rohstoffe zusätzlich 15 % der Industrieanteile aus den westlichen Zonen zu. Weitere 10 % sollte sie ohne Gegenleistung erhalten.

Es ist schwierig, eine gerechte Würdigung des Potsdamer Abkommens in seiner Bedeutung für Deutschland und Europa zu unternehmen. Vielleicht hat Ernst Deuerlein die richtige Einordnung vorgenommen: »Deutschland wurde der größten Verwandlung seiner an dramatischen Ereignissen nicht armen Geschichte unterworfen. Potsdam veränderte die jahrhundertealten Gegebenheiten des deutschen Volkes in Mitteleuropa entscheidend. Potsdam setzte für das deutsche Volk, das sich im Zustand völliger Rat- und Hilfslosigkeit befand, den Anfang einer neuen Entwicklung. So beispiellos die Situation war, in die Verblendung und Verbrechen das deutsche Volk gebracht hatten, so beispiellos war auch die Behandlung, die gegen das deutsche Volk angewandt wurde. In Potsdam wurde sichtbar, in welche Katastrophe der ›Höllensturz des Diktators‹ das deutsche Volk gerissen hatte. Sein Schatten stand über den Entscheidungen, die in Potsdam getroffen wurden. Seine Untat saß am Tisch, an dem beschlossen wurde, Völker aus jahrhundertealten Siedlungen zu vertreiben und Grenzen zu verschieben. Eine Teufelskette umschließt den ›Tag von Potsdam‹ (21. März 1933), an dem die Machtergreifung Hitlers an der Stätte alt-

preußischer Tradition demonstriert und wohl auch für einen Teil der Öffentlichkeit legalisiert wurde, und die ›Konferenz von Potsdam‹ (17. Juli bis 2. August 1945).«
Bleibt noch festzuhalten: Frankreich, das zur Konferenz nicht hinzugezogen war, erhob Vorbehalte hinsichtlich der geplanten Zentralverwaltung, sperrte seine eigene Zone für Flüchtlinge und Vertriebene und begann, auf die Abtrennung des Saargebietes und der linksrheinischen Gebiete sowie die Internationalisierung des Ruhrgebietes zu drängen.
Die epochale Bedeutung der Potsdamer Konferenz hat man erst später erkannt. Da war weit und breit kein Bismarck, der weitsichtig in die Zukunft geblickt hätte. Dort herrschte eher der Geist von Versailles. Es war ja nur ein Abkommen, kein Friedensvertrag, und das konnte ja noch revidiert werden.
Daß die Deutschen kein Stimmrecht haben und nicht einmal als Berater zugelassen werden – wer will es den Alliierten nach diesem Krieg, nach den Millionen Toten, nach Auschwitz und Bergen-Belsen verdenken. Die Deutschen hatten sich damit abzufinden, mit dem, was im Abkommen steht. Auch mit der Ausgangssperre, die von 21 Uhr abends bis 6 Uhr morgens gilt. Natürlich sprechen sie über die große Politik, aber andere Probleme sind wichtiger: Ernährung, Heizung, Familienzusammenführung und Wohnung. 80 % aller Deutschen sind unterernährt, 50 % leiden an Hungerschäden, 40 % sind tuberkulosegefährdet.
Seit dem 5. Juni 1945 lenkt der Kontrollrat, in dem die vier Oberkommandierenden der Siegermächte das Sagen haben, Wirtschaft und Gesellschaft. Seine schwierigste Aufgabe besteht darin, die Versorgung der Bevölkerung mit genügend Lebensmitteln zu gewährleisten. Doch schon bald stellt sich heraus: Die Besatzungstruppen sind nicht einmal in der Lage, für das Notwendigste zu sorgen. In der Not teilt der sowjetische Stadtkommandant von Berlin die Bevölkerung in Gruppen ein. Kinder erhalten 300 g Brot, 30 g Nährmittel, 20 g Fleisch, 20 g Fett, 15 g Zucker und 400 g Kartoffeln pro Woche. Nicht berufstätige Frauen ganze 7 g Fett. Zeitweilig beträgt die tägliche Kalorienmenge weniger als 1000. Es kommt zu Protesten, Hungerdemonstrationen. Eine Versorgungskrise folgt der anderen. In dieser bedrohlichen Lage erklärt General Montgomery, der britische Oberbefehlshaber: »Mein vorläufiges Ziel ist die Zuteilung von 1500 Kalorien pro Tag an die deutsche Bevölkerung, aber selbst diese Menge kann wegen Verteilungsschwierigkeiten nicht überall ausgegeben werden.«
In Hamburg sind es Anfang 1947 nur noch 800 Kalorien, in Hannover 770 und in Essen werden nur noch 740 Kalorien ausgegeben. Und selbst die waren nicht immer echt: So ersetzten die Bäcker manchmal ein stolzes Quantum Mehl durch Kartoffeln, Butter hatte oft einen Wassergehalt von 20 Prozent, und die Milch, auch die für die Klei-

nen, war verpanscht.
In Molkereien, Metzgerläden und Kolonialwarenhandlungen lösten sich riesige Mengen rationierter Lebensmittel in Luft auf, und auf dem Lande verschwanden ganze Schweineherden spurlos.
Viel geschah in dieser Zeit, in der noch alles offen war – politisch, sozial, kulturell, ökonomisch. Damals wurden die Weichen in jene Richtung gestellt, in die heute die Bundesrepublik fährt, die aus den drei westlichen Besatzungszonen gebildet wurde. Auf die Bühne der großen Politik traten damals Männer wie Konrad Adenauer, Jacob Kaiser, Kurt Schumacher und Carlo Schmid, um nur einige zu nennen. Große Probleme mußten gelöst und Fragen von entscheidender Bedeutung gestellt werden. Wohin sollte Deutschland treiben? Sollte der Weg gemeinsam mit der »Ostzone« und den Kommunisten gegangen werden? Wie sollte die künftige Verfassung aussehen, wie die Verteilung der Macht zwischen Kanzler und Präsident, die in Weimar so verhängnisvolle Folgen gezeitigt hatte? Würden die Alliierten mitspielen?
Fragen über Fragen. Viele davon wurden ohne Zutun der Deutschen entschieden. Die Blockade Berlins im Jahre 1948 wurde trauriger Ausdruck einer Entwicklung, die schon früher eingesetzt hatte – der deutschen Teilung. Der kalte Krieg, die Konfrontation der beiden Großmächte, die Einteilung der Welt in zwei Machtlager – dem des Westens unter Führung der USA und dem des Ostens unter der Führung der UdSSR – forderte seinen Tribut. Für die »Trizonesier«, wie sich humorvoll die Westdeutschen nach der Vereinigung der drei Besatzungszonen nannten, war das ein Segen. Sie wurden nun von den Amerikanern politisch, wirtschaftlich und sozial hochgepäppelt. Als vorgeschobener Posten der freien Welt, als Bollwerk gegen den Bolschewismus.

9

10

11

Der Krieg ist zu Ende: Ein russischer Soldat hißt auf dem Dach des Reichstagsgebäudes in Berlin die sowjetische Flagge (9). Amerikanische Truppen marschieren im Rheinland ein (11, 12). Am Fuße des Kölner Doms werden deutsche Soldaten gefangengenommen (10).

12

13

Seit dem 9. Mai 1945 ruhen die Waffen. Aber Millionen sind noch auf der Flucht, fliehen aus dem Osten, suchen nach ihren Angehörigen. Es sind zu viele, die eine neue Bleibe suchen. 25 Millionen Deutsche – Flüchtlinge, Evakuierte, Ausgebombte – sind aus ihren Heimatorten verschlagen worden. Im August 1945 strömen täglich 25 000 bis 30 000 Menschen durch Berlin. Allein vom Juli bis Oktober werden in der besetzten Hauptstadt 1,3 Millionen Flüchtlinge gezählt. Viele haben nur noch das, was sie am Körper tragen oder mit dem Handwagen über manchmal Hunderte von Kilometern gerettet haben (13).

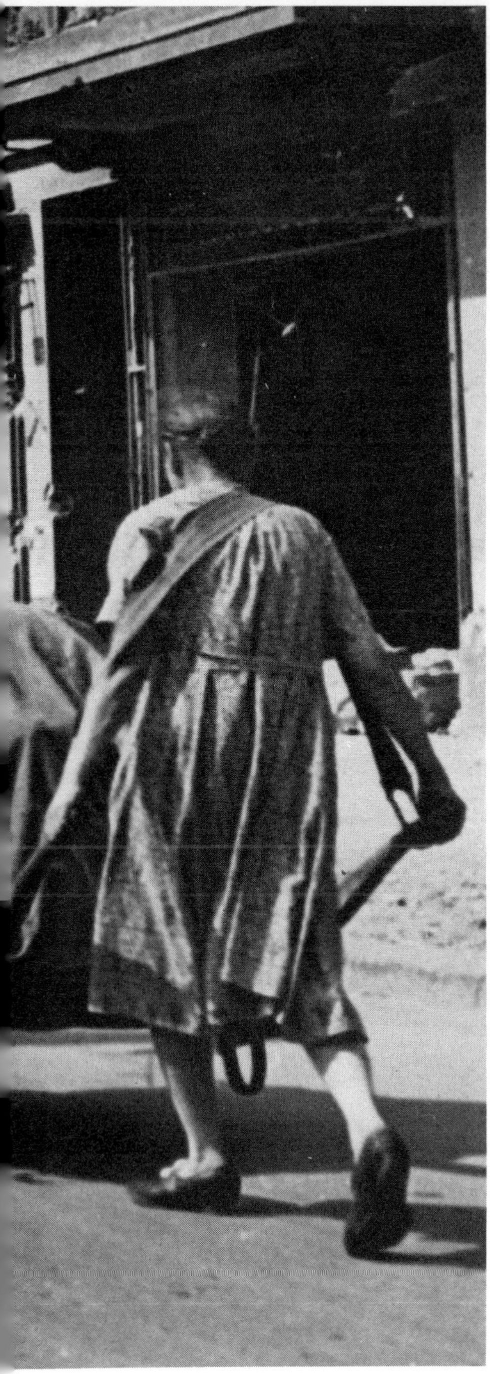

In dem schmalen Landstreifen zwischen Oder und Elbe werden rund 7 Millionen Menschen von Stadt zu Stadt, von Dorf zu Dorf gejagt, weil niemand sie aufnehmen und ernähren kann oder will. Mit Pferd und Wagen und ihrem letzten Hab und Gut suchen sie eine Bleibe (14).

16

Noch wissen sie nicht, wohin sie das Schicksal verschlagen wird. Nur ein Ziel haben sie – den Westen. Aus Westpreußen, Pommern, Schlesien, aus Ostpreußen, Mecklenburg und Thüringen kommen sie in ein mit Trümmern übersätes Land, in dem die Einheimischen die Vertriebenen vielfach als Eindringlinge ansehen (15).

Am schwierigsten ist es, für alle Wohnungen zur Verfügung zu stellen. Es sind nicht einmal genug für die Einheimischen da. In Köln leben im Mai 1945 von den rund 730 000 Einwohnern der Vorkriegszeit nur noch rund 40 000 in Kellern und notdürftig ausgebesserten Häusern. In der amerikanischen Zone sind nur noch etwas mehr als die Hälfte aller Wohnungen bewohnbar. Die Flüchtlinge müssen zwangsweise in Häuser eingewiesen werden. Manchmal leben ganze Familien in nur einem Raum. Aber in dieser Zeit ist man froh, wenn man überhaupt ein Dach über dem Kopf hat. Auf unserem Bild ist eine Familie in Berlin auf Wohnungssuche (16).

17

18

19

Russische Besatzungstruppen feiern in Berlin ihren Sieg. Übergriffe auf die Bevölkerung, unter denen besonders Frauen zu leiden hatten, waren nach ausgiebigen Wodkagelagen nicht selten (17, 18). Schon damals machten Souvenirjäger Jagd auf die kuriosesten Gegenstände. Siegesbewußt und lachend trägt ein Sowjetsoldat einen bronzenen Hitlerkopf unter dem Arm, den er kurz zuvor aus der zerstörten Reichskanzlei geborgen hatte (19).

Nach dem Einmarsch der sowjetischen Truppen kam es in vielen Dörfern und Städten zu Ausschreitungen. Sinnlos wurden Häuser zerstört, Radios mitgenommen, Fotoapparate gestohlen. Ein Augenzeuge: »Sie warfen Porzellan, Gemälde und Möbel auf die Straßen, übergossen die Dinge ab und zu mit Treibstoff und zündeten sie an.« Es gab Schwerverletzte, Vergewaltigungen, Tote.
Der Reichtum des Westens hatte eine geradezu magische Anziehungskraft für die Rotarmisten. In Berlin und Dresden sah man den einen oder anderen mit einem halben Dutzend Uhren am Arm herumspazieren. Hier versucht gerade ein Soldat, einer Frau ein Fahrrad wegzunehmen. Empörung und Entschlossenheit, ihr Hab und Gut mit allen Mitteln zu verteidigen, stehen der Frau ins Gesicht geschrieben (20). Später wurden dann in den sowjetischen Standorten Sperrgebiete errichtet, die von allen Deutschen zu räumen waren. Auch heute noch sind die Rotarmisten hermetisch mit hohen Bretterzäunen von der Zivilbevölkerung der DDR getrennt.

20

23

24

In Schutt und Asche lagen die deutschen Großstädte nach 1945. Eine gespenstische Kulisse bot sich den Daheimgebliebenen und zurückkehrenden Evakuierten. So sah Hamburg nach 16 Großangriffen aus (21). Ein halbes Jahrhundert, so die Meinung von Experten, würde der Wiederaufbau dauern. Daher verfügt der alliierte Kontrollrat im Oktober 1945 die Arbeitspflicht für alle Männer und Frauen. Die »Trümmerfrauen« werden zum Symbol des beginnenden Wiederaufbaus, wie hier in Dresden (22). In Hamburg wird mit Trümmerschutt der Ballindamm verbreitert (23), und in Berlin wird die Prachtstraße Unter den Linden aufgeräumt (24).

25

Der Aufstieg aus dem Nichts begann. Alle halfen dabei mit, auch dieser 76jährige Mann und seine 72jährige Frau. Dieses Foto wurde an einem Sonntag gemacht, an dem freiwillig gearbeitet wurde (25). Aus den Ruinen bergen sie die erhalten gebliebenen Ziegel und Backsteine, befreien sie von Mörtel und Zement und reparieren damit notdürftig Häuser, Dächer und Fassaden. Vieles ist nicht mehr zu reparieren. Die Ruinen versinken in ihrem eigenen Schutt. Gras und Butterblumen wachsen aus den Ritzen – eine gespenstische Idylle für die Kinder der Nachkriegszeit (26).

II. Not macht erfinderisch

Not und Hunger werden verwaltet, mit Bezugsscheinen und Lebensmittelkarten. Gigantische Verschiebungen dieser begehrten Druckerzeugnisse sind an der Tagesordnung. Allein in München hebt die Polizei in dieser Zeit 54 illegale Marken- und Gelddruckereien aus, über die Abertausende von Tonnen an Nahrungsmitteln verschoben worden waren.
Bei soviel Lug und Trug greift der Bürger zur Selbsthilfe. Die Deutschen werden ein Volk von Kleingärtnern und Sammlern. Zurück zur Natur, hieß die Devise. Da werden Tüten und Säcke voller Schlüsselblumen, Lindenblüten, Kamillen, zarte Erdbeer- und Brombeerblätter für Tee gesammelt, Salate, Suppen und Gemüse aus Brennesseln, Löwenzahn, Sauerampfer und Spitzwegerich zubereitet.
Überhaupt: Improvisation ist das große Schlagwort. Elefanten vom Zirkus Hagenbeck werden zum Abfahren des Mülls eingesetzt, erste Läden entstehen zwischen demolierten Häuserfronten und Trümmerbergen. Ausgediente Omnibusse oder Armeefahrzeuge dienen als Verkaufsraum, sofern es etwas zu verkaufen gibt. Improvisation tut not, denn von Flensburg bis München, von Berlin bis Köln sehen sich alle Städte auf traurige Weise ähnlich. Der Schweizer Schriftsteller Max Frisch, der damals durch Frankfurt gegangen ist, schildert seine Eindrücke:
»Die Ruinen stehen nicht, sondern versinken in ihrem eigenen Schutt, und oft erinnert es mich an die heimatlichen Berge, schmale Ziegenwege führen über die Hügel von Geröll, und was noch steht, sind die bizarren Türme eines verwitterten Grates; einmal die Abortröhre, die in den blauen Himmel ragt, drei Anschlüsse zeigen, wo die Stockwerke waren. So stapft man umher, die Hände in den Hosentaschen, weiß eigentlich nicht, wohin man schauen soll. Es ist alles, wie man es von Bildern kennt; aber es ist, und manchmal ist man erstaunt,

daß es ein weiteres Erwachen nicht gibt; es bleibt dabei: das Gras, das in den Häusern wächst, der Löwenzahn in den Kirchen, und plötzlich kann man sich vorstellen, wie es weiterwächst, wie sich ein Urwald über unsere Städte zieht, langsam, unaufhaltsam, ein menschenloses Gedeihen, ein Schweigen aus Disteln und Moos, eine geschlossene Erde, dazu das Zwitschern der Vögel, Frühling, Sommer und Herbst, Atem der Jahre, die niemand mehr zählt.«
Ein halbes Jahrhundert, so die Meinung von Experten, wird der Wiederaufbau dauern. Daher verfügt der Kontrollrat im Oktober 1945 die Arbeitspflicht und Arbeitslenkung für alle 14- bis 65jährigen Männer und für alle 15- bis 50jährigen Frauen. Die »Trümmerfrauen« werden zum Symbol des beginnenden Wiederaufbaus. Die Legende von den bienenfleißigen Deutschen findet hier auf eindrucksvolle Weise neue Nahrung.
Aus den Ruinen holen sie die erhalten gebliebenen Ziegel und Backsteine, befreien sie von Mörtel und Zement und reparieren damit notdürftig Häuser, Dächer und Fassaden. Ganze Kanäle und Flüsse werden zugeschüttet und riesige Berge von Schutt aufgeworfen. Ihre einfallsreichen Namen zeugen davon, daß Humor in dieser Zeit ganz groß geschrieben wird: Piz Ruin, Rixdorfer Alpen oder Monte Scherbelino.
Trotz aller Bemühungen und der bienenfleißigen Arbeit der Trümmerfrauen: Die Wohnverhältnisse blieben katastrophal. Viele lebten in ehemaligen Bunkern, in einer Atmosphäre des dumpfen Ertragens; andere waren in einer Kegelbahn untergebracht – 86 Menschen in einem einzigen Raum, ohne Betten und Kochgelegenheit. Die Frauen mußten ihr Essen im Freien auf Feuerstellen zubereiten. Wo sollten sie auch bleiben, die Millionen aus dem Osten, die Ausgebombten?
Riesige Barackenlager wuchsen in und vor den Großstädten. Notunterkünfte aus Wellblech, »Nissenhütten« genannt. Ein Bett zu haben, das war schon viel. In Mäntel und Decken gehüllt lagen sie dort, bei Tag und auch bei Nacht. Und viele sagten: »Es ist schlimmer als der Krieg.« Manche sahen es humorvoller: »Früher«, so einer ihrer Kalauer, »waren wir nicht so vornehm, da zogen wir uns zum Schlafengehen aus. Heute ziehen wir uns extra an.«
Wo so viele Menschen und Charaktere auf engem Raum zusammengepfercht waren, da ging es manchmal ganz schön hoch her, besonders dann, wenn der gewohnte Trott durch neu auftauchende Flüchtlinge und Heimatvertriebene gestört wurde. Josef Müller-Marein hat die Gebete, Flüche, Lieder und Schicksale einiger weniger damals aufgezeichnet:
»Man hat die ›Neuen‹ in den ehemaligen Mannschaftsstuben untergebracht. Sechs oder acht Personen in je einem großen Raum. Man hat ihnen ›gute Nacht‹ gewünscht, und morgens wußte es das ganze Lager, daß zwei der jungen Mädchen nicht allein geblieben waren. Man sprach von

›Ruhestörung‹ und sogar von ›öffentlicher Unzucht‹. Die Mädels ihrerseits waren darüber verwundert und sprachen von Unduldsamkeit ... In derselben Mannschaftsstube gab es dann auch Streit über gewisse Papierfälschungen. Sollte man solches Dunkel zu lichten versuchen? Es dürfte schwierig sein.
O nein, so schwierig war es nicht, die Dunkelhaarige mit den mißtrauischen Augen zu bewegen, die Wahrheit zu sagen. Sie sagt: ›Na ja, wenn Sie's partout wissen wollen: Mein erstes Flüchtlingslager ist das nicht! Aber hier auf Borkum ist das beste Lager, das ich kenne. Ich weiß Bescheid, lieber Mann.‹ Und dann gesteht sie, daß sie von der Arbeitsstelle im Industriegebiet durchgebrannt sei, weil es zu wenig zu essen gab. ›Arbeit und Hunger auch noch? Bißchen viel auf einmal, wie?‹ Sie ist also ins nächste Flüchtlingslager gegangen, hat zwei Decken in Empfang genommen, eine Schürze, ein gebrauchtes, noch gut erhaltenes Kleid, hat die Sachen zum schwarzen Markt getragen. Und auf ins nächste Flüchtlingslager. Und also ist sie auf Borkum, und sie sagt: ›Bei mir auf der Stube sind zwei, die es genauso machen, die Gerda und die Paula.‹ Ein schneller Blick: ›Sie halten doch dicht? Oder sind Sie Kripo?‹ – ›Nein, mich geht's nichts an.‹ – ›Na, bitte!‹ sagt die Dunkelhaarige und macht die nächste Tür auf, um mit besonderem Stolz, als zeige sie auf ein Wundertier, auf eine Frau zu deuten, die Strümpfe stopfend auf der Bettkante sitzt: ›Die hat‹, sagt die Dunkelhaarige, ›ein Kind von 'nem Russen und kriegt ein neues Baby von 'nem Amerikaner und hat die Stirn und sagt: Alles Vergewaltigung. Bei der Figur ... ?‹ Die Frau auf dem Bett stopft ihre Strümpfe ...«
Nicht jeder lebte so freimütig in den nächsten Tag. Die alltäglichen Probleme waren es, die die ganze Kraft erforderten. Wer z. B. keinen elektrischen Heizofen hatte und sich auch keinen beschaffen konnte, war auf sein eigenes Improvisationstalent angewiesen. Das Heizgerät Marke Eigenbau sah dann so aus: Um eine Art Tonplatte windet sich eine Drahtspirale, die dann vom Strom erhitzt wird und ihre Wärme an die Tonspirale abgibt. Das waren teilweise kuriose Konstruktionen, die nicht selten zu Unfällen führten.
Überhaupt wurde das Leben damals entscheidend vom Strom und den Stromsperren bestimmt. Viele Stunden am Tag wurde die elektrische Energie einfach abgeschaltet. In manchen Städten konnte nur nachts gebügelt werden. Und auch die sagenumwobenen Kochplatten waren nur in den wenigen Nachtstunden zu benutzen. Das Essen mußte dann für den Tag warmgehalten werden, indem man die Töpfe in strohgefütterte Behälter oder einfach in die Betten stellte.
Strom war kostbar und daher ließ sich manch einer den unbegrenzten Genuß jener wärmespendenden Energie was kosten. Pfiffige Zeitgenossen konstruierten den »Eisernen Gustav«, ein Gerät, in dem

Kondensatoren so hintereinandergeschaltet wurden, daß man Strom entnehmen konnte, ohne den Zähler in Gang zu setzen. Nun konnte man kochen, braten und heizen, soviel die Platten und Röhren hergaben. Sicherungen waren ebenfalls Mangelware. Aber auch da wußte man sich zu helfen. Den durchgebrannten Schmelzdraht in der Mitte der Sicherung ersetzte man ganz einfach durch eine neue Überbrückung. Dann hatte man zwar Strom, aber keine Sicherung mehr, was häufig genug zu Kurzschlüssen und Bränden führte.
Aber nicht nur der tägliche Kampf um Kohlen, Lebensmittel und Wohnung regte die Phantasie und die Tatkraft vieler Menschen an. Es gab auch welche, die bereits in größeren Posten dachten. Der Krieg lag noch nicht lange zurück, als die Sage von ungeheuren Schätzen umging, die in den letzten Tagen vor der Kapitulation von der flüchtenden Bevölkerung vergraben, von der Regierung in Seen versenkt, in Großstadthäusern unter Trümmern verschüttet oder auf dem Lande eingemauert worden seien. Es war wie in den Zeiten des Goldrausches. In den Köpfen vieler spukte es, Theorien wurden aufgestellt, diskutiert und verworfen. Manch einer grub heimlich, bei Nacht und Nebel.
Wie ein Donnerschlag traf jene Kreise die Meldung, daß ein Berliner Physiker namens Doerpinghaus einen Apparat erfunden habe, mit dem man verborgene Schätze aufspüren könne. Prall gefüllte Regimentskassen und Wehrmachtsdepots wurden im Traum aus dem Schlick eines Sees gezogen, ein Safe aus den Trümmern befreit. Bestimmte Kreise rüsteten sich zum Kampf, um als erste in den Besitz dieses Wunderapparates zu gelangen.
Doch sie hatten die Rechnung ohne den Wirt gemacht. Fragwürdige Schieberkreise boten ihm exorbitante Summen. Der aber blieb unbestechbar: »Wir können nicht Hilfe leisten, wo die Besitzverhältnisse nicht einwandfrei geklärt sind.«
Zu den Zeiten des Mangels hat es also nicht nur Genies auf dem Feld des schwarzen Marktes gegeben. Auch auf den weiten Gebieten von Wissenschaft und Kunst sind gerade in unruhigen Zeiten ungewöhnliche Talente frei geworden.
Dies beweist der Fall van Meegeren, der damals durch die Gazetten ging. Er, der auch von seinen Widersachern als der genialste Bilderfälscher aller Zeiten apostrophiert wurde, sorgte für den wohl größten Kunstskandal unserer Epoche. Van Meegeren fälschte Bilder von Vermeer und anderen holländischen Altmeistern so genau, daß selbst Experten darauf hereinfielen und seine Gemälde modernsten Prüfungsmethoden standhielten. Kurios: Als Experten nicht glauben wollten, daß der Angeklagte neun Bilder gefälscht habe, setzte sich van Meegeren in seine Zelle und fälschte unter den Augen der Polizei in achtwöchiger Arbeit einen Vermeer. Nur so konnte er seine Schuld beweisen.

27

28

Improvisation war in dieser Zeit Trumpf. Noch in den Ruinen entstanden erste Verkaufsläden (27). Angeboten wurde da allerdings meist nicht viel. Und wenn es einmal etwas gab, bildeten sich sofort lange Schlangen. Stundenlang mußte dann angestanden werden, um 100 Gramm Margarine zu ergattern.

29

30

Ausgediente Omnibusse (29), Hauseingänge (28) und nicht verschüttete Keller (30) dienten als Verkaufsraum, sofern es etwas zu verkaufen gab, denn Not und Hunger wurden mit Bezugsscheinen und Lebensmittelkarten verwaltet. Eßwaren wurden nur selten angeboten, jedenfalls nicht auf dem freien Markt oder im Omnibus von »Leder-Rabe« und in der Filiale der Bayerischen Vereinsbank. In den Läden, in denen es Eßwaren auf Marken gab, standen die Frauen eng aneinandergedrückt, die kostbaren Marken fest in der Hand haltend und von Angst geplagt, die »aufgerufene« Ware könne ausgehen, bevor sie dran wären.

31

32

33

Hunger und Kälte regierten im Winter 1946/47 das Land. An Heizmaterial fehlte es an allen Ecken, Quartiere verwandelten sich in wahre Eispaläste. Glücklich darf sich derjenige schätzen, der über einen robusten Kohleofen verfügt, in dem auch Torfsoden verheizt werden können. Wer – wie diese Familie – bereits im Sommer vorgesorgt hatte, mußte nicht, wie Tausende von Deutschen, den »weißen Tod« fürchten (31).

Voraussetzung, um eine längere Kälteperiode überstehen zu können, ist ein festes Dach über dem Kopf. Die bienenfleißigen »Trümmerfrauen« sorgten dabei unermüdlich für den Nachschub an Ziegel- und Backsteinen, die zuerst von Mörtel und Zement befreit werden (33). Wo das nicht geht, werden neue Backsteine aus dem Trümmersplitt gegossen (32).

Welch ein Vergnügen in dieser Zeit: »Elektro-Schuhputz« für 40 Pfennige! (34).

Elektro-
Schuhputz
PREIS
40 ₰
Schuhputz

35

36

Not macht erfinderisch: Das Benzin war rationiert, und man benötigte eine Ausnahmegenehmigung für Berufsfahrten. Für findige Geister kein Hindernis: Sie bauten ihren Pkw zu einem Behelfslieferwagen um. Mit einer Holzgasanlage wurde für den Antrieb gesorgt (35).

37

38

Auch damals verwertete man schon unbrauchbares Altmaterial – bei uns heute »Recycling« genannt. Eine Fabrik in Berlin-Halensee fabriziert aus alten Fahrradschläuchen und Holzteilen Lockenwickler (36). Geradezu abenteuerlich muten dieser Lieferwagen und sein »Kutscher« an, die mangels Benzin auf ein Pferd als Zugmittel zurückgreifen müssen (37). Eine ganz neue Form von Taxiunternehmen hat dieser Münchner aufgemacht. Er transportiert seine Kunden im Cabriolet und mit Muskelkraft durch die zerbombten Straßen (38).

40

41

Zurück zur Natur hieß für viele die Devise. Im Herbst werden Tüten, Büchsen und Säcke voller Bucheckern in den Wäldern gesammelt (39). Die Deutschen werden zu einem Volk von Kleingärtnern und Sammlern. Vor den Ruinen des Brandenburger Tors legen Berliner im Sommer 1946 Gemüsebeete an, um die kärgliche Verpflegung ihrer Familien aufzubessern (41). Erst als es den Deutschen wieder etwas besser geht, werden die Schrebergärten und Kartoffeläcker im Berliner Tiergarten beseitigt. Frauen nehmen die Aufforstungsarbeiten um die Siegessäule in Angriff (40).

Leitwährung des schwarzen Marktes war die Ami-Zigarette. Für eine davon wurden bis zu 20 Reichsmark bezahlt. Diese exorbitanten Preise zwangen starke Raucher zu ungewöhnlichen Maßnahmen. Bald hatten sie entdeckt, daß sich aus sieben Zigarettenstummeln eine neue Zigarette drehen ließ. Besonders in der Nähe von Kasernen der Besatzungstruppen sah man in diesen Tagen emsige Kreaturen, die unablässig den Boden absuchten – die Kippensammler (42, 43). Wem das zu erniedrigend war, der versuchte es mit dem Tabakanbau im eigenen Garten oder im Blumenkasten. Eifersüchtig wurden diese Orient- und Virginiaverschnitte bewacht.

43

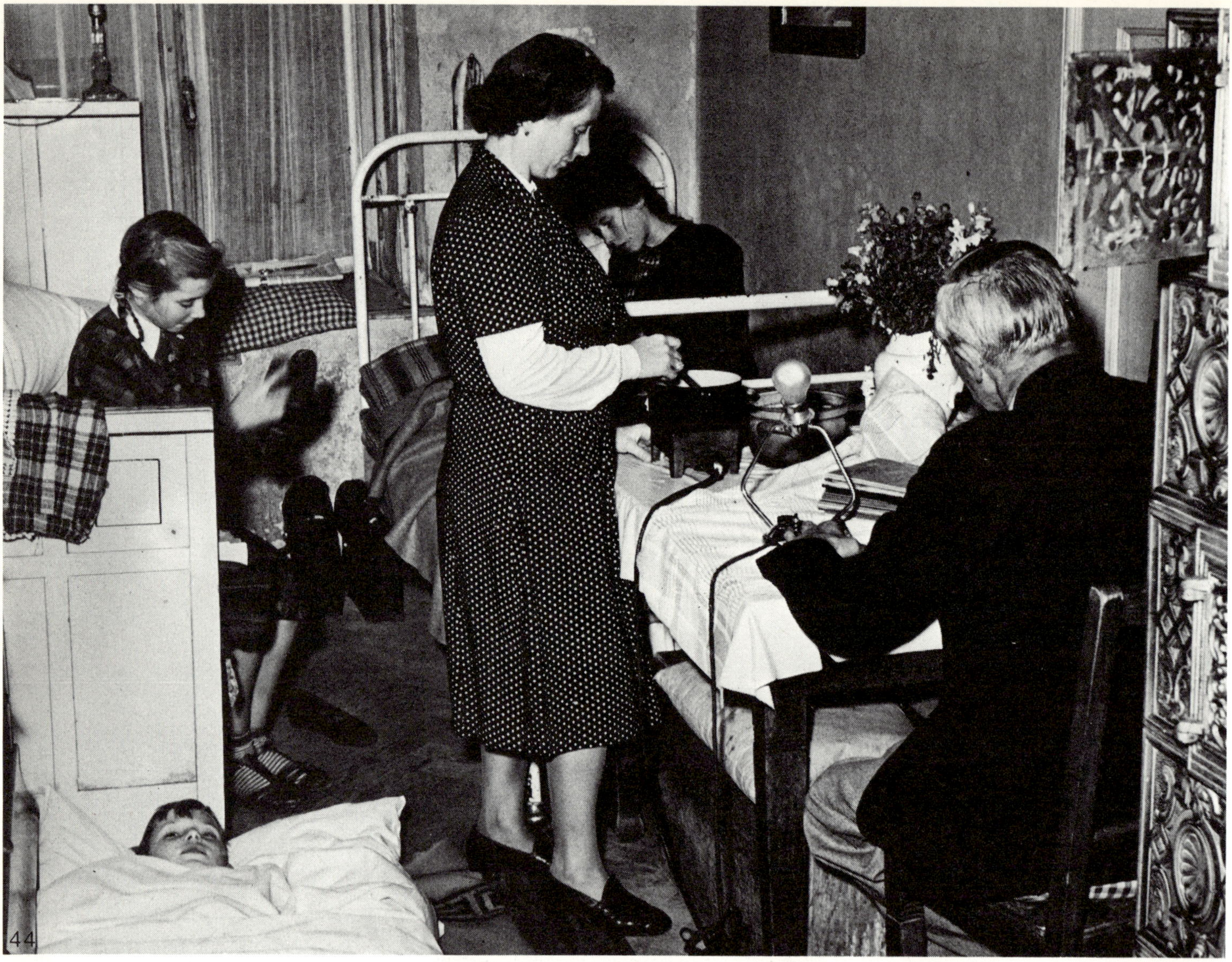

So lebten sie damals: Eine fünfköpfige Flüchtlingsfamilie hat in einem Zimmer eine Unterkunft gefunden (44). Während hier bereits das Essen auf einer Kochplatte zubereitet wird, muß diese Frau (45) sich mit einem selbstgebauten Ofen zufriedengeben. Ihr Mann hat ihn aus Jugoslawien mitgebracht. Er brennt sparsamer als die Öfen aus Feldsteinen. Mit ein paar alten Kartons kann sie ihr Mittagessen bereiten. Vielfach war die Kochplatte der einzige Wärmespender im Raum (46). Frierende Hände suchen nach etwas Wärme.

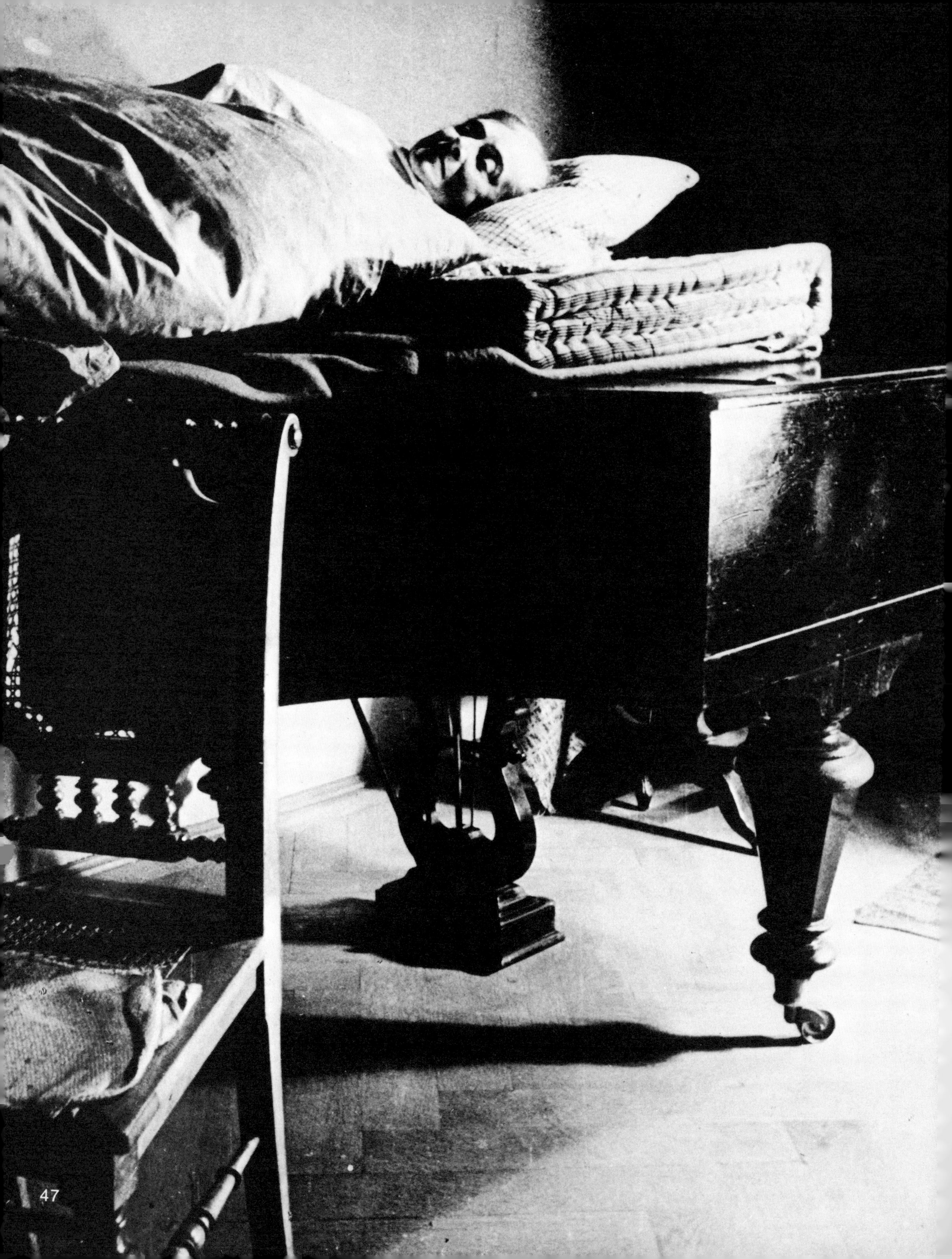

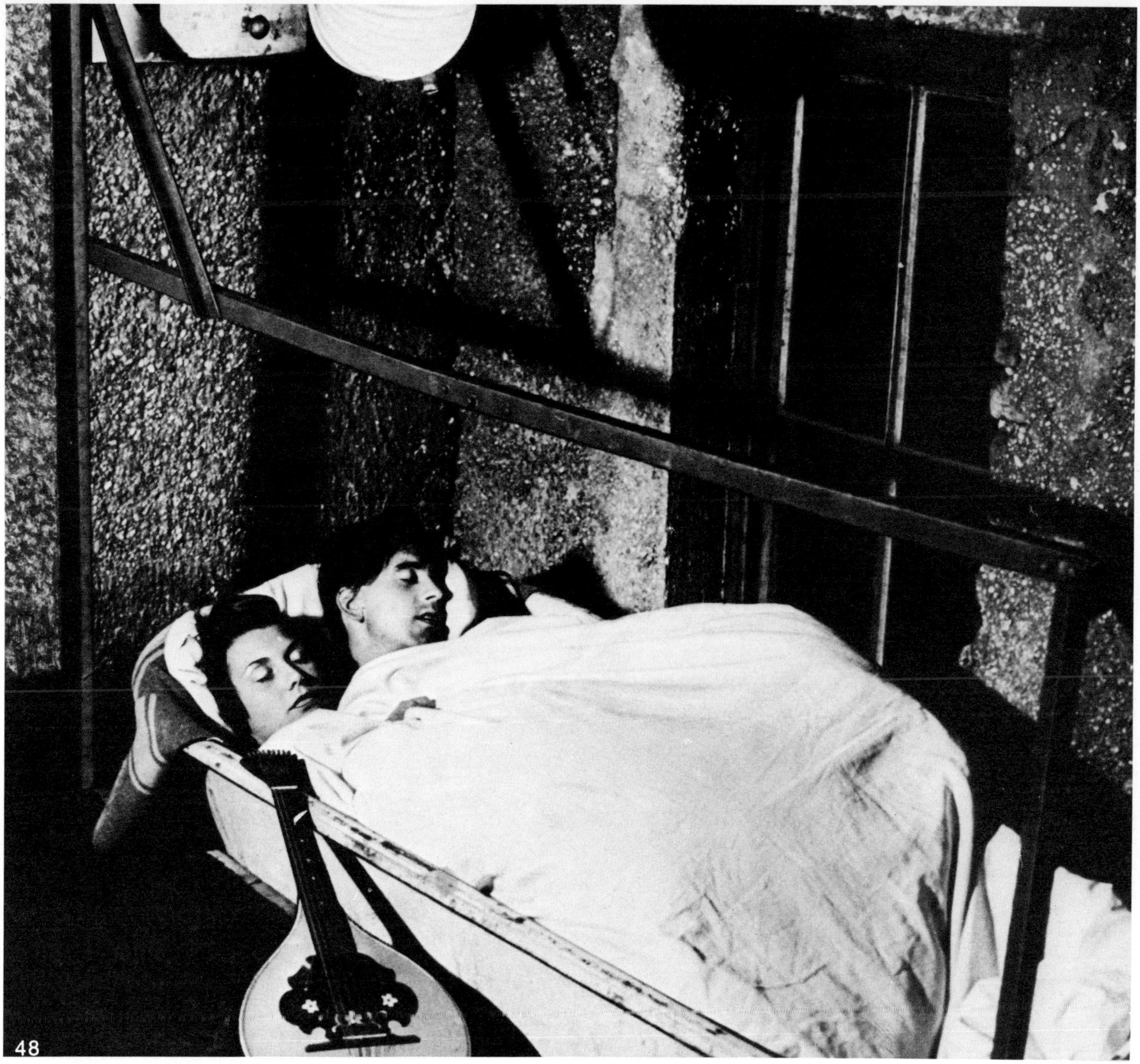

48

Ein Symbol für die geradezu qualvolle Enge in den überfüllten Wohnungen ist die auf dem Konzertflügel schlafende Großmutter (47).

Trotz Hunger und Elend kam das Vergnügen in diesen Tagen nicht zu kurz. Endlich konnten die Deutschen wieder tanzen. Da ab 23 Uhr keine Trambahn mehr fuhr, durften Gäste mit zu weitem Heimweg nicht selten in ausrangierten Badewannen übernachten (48).

Typisch für diese Zeit waren auch die vielen Eisenrohre, die aus den Fenstern ragten. Das waren die Schornsteine von Kanonenöfen, die Geschäftsräume, Büros und Wohnungen notdürftig heizten – sofern es etwas zu heizen gab (49).

HANDSCHUH

III. Der schwarze Markt

Auch in jenen mageren Jahren nach dem Krieg, als in Deutschland das Bier ausging, und kaum einer wußte, wieviel und was er am nächsten Tag zu essen haben würde, als weder Särge noch Glühlampen zu beschaffen waren, gab es nichts, was es nicht gab. Nur – es gab von allem viel zu wenig. Das machte alles – für manchen unerschwinglich – teuer. Aber man zahlte nicht mit Geld, sondern vor allem mit Ware. Hintenherum. Auf dem schwarzen Markt. Ein Kilo Kaffee kostete rund 1500 Mark, und für einen echten Perser konnte man ganze zwei Zentner Kartoffeln erstehen. Das Einkommen der arbeitenden Bevölkerung hielt sich jedoch auf dem Niveau der Vorkriegszeit – unter 200 Reichsmark. Das reichte nicht zum Leben und nicht zum Sterben. Not und Hunger verdrängten schnell die bürgerliche Moral und ließen die kriminellen Schranken fallen. Wer so lebte, wie es Gesetz und Ordnung verlangten, und nur mit dem auskommen mußte, was ihm auf dem Papier zustand, der war dem Verhungern nahe. Selbst brave Bürger drängte es daher zu jenen Plätzen und Bezirken, auf denen der schwarze Markt blühte. Ein Dorado für die großen und kleinen Schieber, die stets nur in den Zeiten des Mangels Erfolg haben können. Meisterhaft beherrschten sie die Strategie des Tauschens, des Beschaffens und des Kungelns. Sie, die Könige des schwarzen Marktes, brauchten das Risiko, das ihre Phantasie beflügelte und ihre Kräfte anspornte. Es war ihre große Ära. Viele, die heute stolz auf ihre Millionen und ihre Aufbauleistung verweisen, haben sich damals die ersten Sporen – und nicht nur diese – verdient.

Fast alle machten mit – Greise, Väter, Mütter, Kinder. Der Schwarzhandel war ein Kavaliersdelikt, das allerdings hart bestraft wurde. Befragungen, die sicher mehr unter- als übertreiben, ergaben, daß mehr als 40 Prozent aller Großstädter Erfahrungen auf diesem ungewohnten Terrain vorweisen konnten. Meist gab es in jeder Familie einen, der sich als besonders qualifiziert für diese Art von Geschäften bewährte. Er wurde dann das Bindeglied zu jener denkwürdigen Institution, die sich Schwarzmarkt nannte. Viele, die dabei waren, werden sich an ihre erste Begegnung mit dem schwarzen Markt erinnern, wie Siegfried Lenz in »Lehmanns Erzählungen«:

»Die Sonne schien, die Straße war still, ohne Verkehr. Nirgendwo ein Stand, eine Marktbude; nur Männer und Frauen, die – und das mutete einen Fremden zunächst rätselhaft an – auf und ab schlenderten, gelassen nach außen hin, wenn auch eine versteckte Wachsamkeit in ihren Gesichtern lag. Sie gingen vorbei, ohne einander anzusehen, mit vorgegebener Gleichgültigkeit. Niemand schien in Eile. Auch ich ging die stille Straße hinab, schlendernd wie die anderen. War das der Markt, den ich erträumt hatte? Wo war das Geheimnis, wo der Vorteil? Und wie erfolgte der Handel? Aufmerksam ging ich weiter, und dann, ja, dann merkte ich es: Ich hörte die Vorübergehenden leise sprechen, es klang wie Selbstgespräche, so daß ich an Kinder denken mußte, die, wenn man sie zum Einkaufen schickt, unaufhörlich wiederholen, was sie mitbringen sollen: einen Liter Milch, einen Liter Milch . . . Auch die Leute, die sich hier gelassen aneinander vorbeischoben, wiederholten unaufhörlich denselben Spruch, als fürchteten sie, sie könnten ihr Stichwort vergessen. Ich hörte genau hin, hörte Stimmen, die im Vorbeigehen ehrgeizlos flüsterten: ›Brotmarken‹ oder ›Nähgarn‹, hörte eine Frau, die mit gesenktem Blick nur ein einziges Wort sagte: ›Marinaden, Marinaden‹, ein Greis murmelte ›Bettzeug‹, ein rotgesichtiges Mädchen: ›Amis.‹ Jede Stimme empfahl ehrgeizlos etwas anderes: Schuhe, Fischwurst, Stopfnadeln – vielleicht waren es die vom Nordkap –, Uhren, Schinken, Kaffee und Eipulver. Niemand gab sich aufdringlich, marktschreierisch – wie wohltuend war doch die Diskretion meines Marktes. Ich empfand, während ich leise ›Sahnelöffel‹ zu flüstern begann, die tiefere Bedeutung dieses Vorgangs: Die Nachfrage übertraf das Angebot bei weitem, der Mangel triumphierte, bestimmte den Kurs, und die Zeitgenossen bewiesen, daß sie dem Mangel gewachsen waren. Eine Revision der alten Werte hatte stattgefunden, die Not setzte den Preis fest. Man bezog, was man gerade effektiv brauchte, und nicht, was man zu brauchen glaubte – nicht mehr. Der unmittelbare Bedarf hatte den Vorrang. Die Bezahlung wurde von gegenwärtigem, nicht von zukünftigem Verlangen bestimmt, und was besonders zu Ehren kam, war die uralte Praxis der ersten Märkte – der Tausch.

Ich selbst wurde es gewahr, denn nachdem ich mehrmals ›Sahnelöffel, Sahnelöffel‹ geflüstert hatte, setzte sich mir ein hagerer Mann auf die Spur, drängte mich hinter eine geborstene Mauer, wo ich – nur aus Spaß und Neugierde – ein Angora-

Kaninchen eintauschte. Allerdings trug ich es nicht nach Hause, sondern stieß es gleich gegen wollenes Unterzeug ab, erhielt dafür englische Zigaretten und bezahlte mit ihnen drei Flaschen Bratöl, das sich indes, später zu Hause, als Torpedoöl herausstellte. Doch obzwar die Bratkartoffeln das Bild einer Seeschlacht vor meinem Auge hervorriefen, war ich mit allem zufrieden, was ich für den Anfang erfahren hatte. Ich war auf den Geschmack gekommen. Die erste Begegnung hatte mich elektrisiert. Ein Ziel begann sich deutlich abzuzeichnen, die Zuversicht einzustellen, daß ich dieses Ziel erreichen würde. Ich hatte ohne Anstrengung einen Beruf gefunden. Das Abenteuer konnte beginnen.«

Ein Abenteuer war es für alle. War erst einmal die Bekanntschaft mit dem schwarzen Markt gemacht, und das erste Geschäft erfolgreich abgeschlossen, stellte sich schnell ein Gefühl der Zugehörigkeit ein – nun gehörte man dazu. Denn nicht nur Butter, Öl und Zigaretten wurden da gehandelt. Getauscht wurde alles gegen jedes. Ein Herrenrad mit Ballonbereifung gegen ein Klavier. Ein Radioapparat wurde für einen 220-Volt-Heizofen in Zahlung gegeben und der eigene Zahnersatz gegen eine Kochplatte getauscht. Gebraucht wurde alles, und Abnehmer gab es in Hülle und Fülle: für Damenstrümpfe, frische Forellen, Grundstücke, Häuser, Medikamente, wie Insulin oder Penicillin.

Auch ganz persönliche Wünsche konnten befriedigt werden: Dazu gehörten echte Reisepässe und die sogenannten »Persil-Scheine«, auf denen bestätigt wurde, daß der betreffende Inhaber hinsichtlich seiner politischen Vergangenheit eine weiße Weste vorweisen konnte. Dafür wurden »Liebhaberpreise« geboten! Auch KZ-Bescheinigungen und falsche akademische Titel sowie Besitzurkunden über bombardierte Häuser, die später für den sogenannten Lastenausgleich eine große Bedeutung hatten, fanden reißenden Absatz.

In dieser Zeit zählt die alte Reichsmark so gut wie nichts mehr. Geld ist nahezu wertlos, um so mehr zählen die Sachwerte. Vieles war den Bomben oder Plünderungen zum Opfer gefallen, was übriggeblieben ist, wird gegen den notwendigen Bedarf eingetauscht. Nur für Produkte, deren Preis minimal ist, wird Geld genommen, alles übrige nach Zigaretten oder Kaffee bewertet. Angebot und Nachfrage bestimmen die Relationen. 1946 verdreifacht sich innerhalb weniger Monate der Wert ausländischer Zigaretten. Von zwei Mark ist das Stück auf sechs Mark gestiegen. Gelegentlich werden sogar acht Mark offeriert. Ein Kilo Kaffee kostet 1500 Mark.

Die Preise differieren von Stadt zu Stadt, von Zone zu Zone. Überall hat der schwarze Markt ein anderes Gesicht. »In Stuttgart«, so Thaddäus Troll, »gibt er sich seriös und ist bürgerlich verbrämt, im Hannoveraner Bahnhofsbunker wuchert er zwischen Armut, Verbrechen und Prostitution.« Während in Süddeutschland für 20 amerikanische Zigaretten 85 Reichsmark gezahlt werden, kostet dieselbe Menge in Berlin beinahe das Doppelte. Einem Ondit zufolge soll man in dieser Zeit für Zigaretten alles erhalten haben, was man gerne haben mochte. König war der, der über genügend Zigaretten verfügte, und das waren vor allem die Besatzungstruppen. Kräftig mischten sie mit, und viele tauschten ein Vermögen gegen den so wertvollen blauen Dunst. Für 5000 Zigaretten, die den G.I. nur 20 Dollar und 50 Cents kosteten, war eine gute Leica zu haben, die in den Staaten rund 600 Dollar wert war. Für 600 Dollar wiederum gab es 134 000 Zigaretten und dafür 27 Leicas. Und für einen Diamanten von erheblichem Wert zahlte der neue Besitzer 2 Kilo Kaffee und 50 Zigaretten. Wenn das kein Geschäft war!

Ein Leben frei vom schwarzen Markt zu führen, war fast unmöglich. Ging es für viele G.I.s, Schieber und Schleichhändler nur darum, sich ein Vermögen zusammenzuschindschen, so ging es für die meisten anderen nur darum, ihre letzte Habe gegen etwas Eßbares einzutauschen. Daß da manchmal ohne Netz und doppelten Boden und mit allen Tricks gearbeitet wurde, um mit seiner Ware einen feinen, meist unberechtigten Gewinn zu erwirtschaften, versteht sich von selbst. Ganze Stangen Chesterfield und Lucky Strike wurden »präpariert«, wie man das nannte. Die Originalpackungen wurden ihres echten Inhalts sorgfältig entledigt und die leeren Hülsen dann mit Sägemehl vollgestopft. Schnell die Runde machte auch der Dreh mit dem schottischen Whiskyfäßchen. Dem Käufer wurde ein herrliches Dreißig-Liter-Fäßchen aus edlem Holz und dem Brandzeichen eines bekannten schottischen Whiskys offeriert. Rasch wurde – um die Güte des Getränkes zu beweisen – mit einem kleinen Messinghähnchen angezapft und ein Probeschluck entnommen. War dann der Handel perfekt und der geforderte Preis gezahlt, versiegte die köstliche Quelle im Nu. In das Fäßchen war nämlich nur eine dünne Röhre mit etwa einem Liter Scotch eingebaut, der Rest war Wasser.

Das alles mutet geradezu laienhaft an gegen den Husarenstreich, den sich 18 Deutsche leisteten. In der französischen Zone bemächtigten sie sich eines ganzen Eisenbahnzuges, der aus einer Lokomotive und 13 Güterwagen bestand. Mit diesem fuhren sie in die amerikanische Zone, wo sie mit allem Anschein der Gesetzmäßigkeit große Mengen Kartoffeln einsammelten, um sie nachträglich wieder auf dem schwarzen Markt zu verkaufen. Zwölf Mann gingen dem Zug als Vorkommando voraus, um für die Nachkommenden das Nötige vorzubereiten. Ein an Originalität und Unverfrorenheit kaum noch zu überbietendes Unternehmen. Mit allen Mitteln versuchten Polizei und Besatzungsbehörden, des schwarzen Marktes Herr zu werden. Wo jedoch ein ganzes Volk sich illegal betätigt, schwarzschlachtet, kompensiert und hamstern geht, sind die Chancen ungleich verteilt. Hinzu kommt, daß die Ordnungskräfte nur halbherzig bei der Sache sind. Trotzdem werden allein im März 1947 in Hamburg bei 866 Fahndungsaktionen und 1500 Straßen- und Eisenbahnkontrollen 2500 Schwarzhändler festgenommen, 400 000 Reichsmark beschlagnahmt und 350 Schwarzbrennereien ausgehoben. Doch was nützen all diese Teilerfolge, wenn bei der Aktion nur die kleinen Händler und Halunken hinter Schloß und Riegel gebracht werden konnten, die wahren Hyänen und Drahtzieher, die großen Schieber und Gauner aber weiter auf freiem Fuß blieben.

Und jene, die dann verurteilt wurden und ins Gefängnis kamen, lernten hinter den hohen Mauern und eisernen Gittern meist so viel dazu, daß sie danach beste Chancen hatten, in die Aristokratie des Gewerbes aufzusteigen. Unkorrektes Bewachungspersonal unterstützte die Gefangenen bei ihren Geschäften. Wer wollte es ihm verdenken? Auch sie wollten leben, mußten etwas zu essen haben. »Schlepper« brachten die Ware, und die Wachtmeister machten mit den Knastrologen halbehalbe. Ein Delinquent gestand freimütig: »Vom Standpunkt des Geschäftsmannes aus gesehen, war meine Inhaftierung ein reiner Gewinn. Jetzt habe ich alle Verbindungen, an denen es mir vorher fehlte.« Oder ein anderes Kuriosum: »Warum nehmen Sie nicht einen ehrlichen Beruf an?« fragte der Richter einen ertappten Schleichhändler. »Ich besitze zwölf Hennen«, war die Antwort. »Aber davon können Sie doch nicht Ihre Familie ernähren?« fragte der ungläubige Jurist. »Natürlich«, erwiderte der Angeklagte. »Die Hennen legen bei guter Fütterung fünfzehn Eier pro Woche. Wir essen fünf. Die anderen verkaufen wir an die Alliierten für zwei Pakete Zigaretten. Ein Päckchen rauche ich, und das andere verkaufe ich für hundert Mark. Das macht vierhundert Mark im Monat, und damit kommen wir ganz gut längs.«

Jeder schlug sich so gut durch, wie er konnte und wie sein Temperament es zuließ. Zwischen denen, die sowieso nichts hatten – und das waren die meisten –, gab es selten Reibereien. Im Gegenteil, ein Gefühl der Gemeinsamkeit und Solidarität ließ alle näher zusammenrücken, als das in Zeiten des Wohlstands üblich ist. Aber es gab auch einige, die etwas zu verlieren hatten: diejenigen, die den schwarzen Markt kontrollierten, die die Preise diktierten und ganze Waggonladungen von einer in die andere Zone verschoben. Machtkämpfe untereinander, die teilweise skurrile Formen annahmen, waren an der Tagesordnung. So führten die organisierten Schwarzhändler des Duisburger Hauptbahnhofes stets einen weißen Zettel bei sich, auf den ein wappenähnliches Monogramm geprägt war, und mit Schreibmaschine die Initialen des Namens sowie das Datum der Aus-

gabe gedruckt waren. Als »Zunftlegitimation« quasi. Hier herrschten Zucht und Ordnung unter den Händlern, die Verkaufspreise wurden von oben, vom »Preiskommissar«, festgelegt. Konkurrenten schaltete man aus. Entweder ließ man sie hochgehen und meldete sie der Polizei oder der »Vorstand« der Organisation, zu dem auch ein ehemaliger Boxer gehörte, sorgte für Ordnung, wenn es sein mußte mit Kinnhaken und Tiefschlägen.
In Berlin, dem aufgrund seiner prädestinierten Lage und seiner Einteilung in vier Sektoren bevorzugten Umschlagplatz für die großen Geschäfte des schwarzen Marktes, gab die »Süßstoffaristokratie von Wilmersdorf« für lange Zeit den Ton an.
Phantastische Gewinnmöglichkeiten eröffnete vor allem der Brillantenhandel. In Berlin wurden Anfang 1947 Spitzenpreise von 50 000 Mark für ein Karat lupenrein gezahlt, fast der hundertfache »Friedenswert«. Nur wenige hundert Kilometer entfernt war in Hamburg ein Karat für 22 000, in München für nur 15 000 zu haben. »Die Berliner Aufkäufer«, so berichtete der »Spiegel«, »zahlten mit nagelneuen Hundertmarkscheinen, die absolut echt waren. Sie sollen ihre Ware direkt nach Osten geliefert haben. Hinter Warschau verliert sich jede Spur.«
Wer seine Smaragde, Saphire und Diamanten nicht über den schwarzen Markt beziehen wollte, sondern ganz legal, der kann schon ein Jahr nach Kriegsende wieder in Juweliergeschäften einkaufen. Ab 7000 Mark aufwärts, was das Herz begehrt und der Geldbeutel hergibt. Während in Deutschland täglich 200 Menschen buchstäblich verhungern, betrachten wohlgekleidete Herren in vornehmer Atmosphäre Brillanten aller Art und lassen dabei erkennen, daß Geld für sie keine Rolle spielt. Vornehmlich Ausländer kaufen, aber auch deutsche Kunden, deren Aussehen und Benehmen meist verrät, aus welchen Kreisen sie kommen.
Auch für Gemälde, Skulpturen, Teppiche und wertvolles Porzellan gibt es einen schwarzen Markt. Erlesene Kunstwerke wandern aus einer Hand in die andere. Am Tegernsee veräußert eine wohlhabende Dame ein Ölbild des Franzosen Matisse. Naserümpfend übernimmt eine rührige Möbel- und Antiquitätenhändlerin das kleine Kunstwerk in Unkenntnis des wahren Wertes. Wenige Wochen danach lehnt sie ein Angebot in zehnfacher Höhe entrüstet ab, da sie sich inzwischen an das Bild gewöhnt habe.
Den Vogel schießt aber das Angebot eines echten Michelangelo ab. Für nicht mehr und nicht weniger als 2 500 000 Mark soll er seinen Besitzer wechseln. Ein Privatmann prüft das sensationelle Angebot. Als er nach vielen Versuchen endlich das Büro des fraglichen Maklers betreten kann, eskortieren ihn drei Vermittler, während vier weitere, also die restlichen Glieder der Kette, die ihn heranlotsten, in einem nahen Kaffeehaus warten. Man bestätigt

ihm den Preis, beteuert die makellose Herkunft des Objekts und führt ihn sodann in den Tresorraum hinab. Auf dem Wege berichtet der Verkäufer, das Werk bereits mit einigen hunderttausend Mark beliehen zu haben, da die Besitzer in finanziellen Schwierigkeiten seien. Man holt es aus dem Safe, löst die Umhüllung und hält es zum Licht. Nach sorgfältiger Prüfung erweist sich das Gemälde als ein sehr schönes und liebenswertes Werk des Michelangelo Anselmit (und nicht des berühmten Michelangelo Buonarotti).
Zum letztenmal war es 1895 auf einer Kölner Auktion gesehen worden. Sein Wert wird auf ganze 50 000 Mark geschätzt, was den Makler nicht gerade zu Freudenstürmen hingerissen haben soll.
Aber nicht nur illegal konnte getauscht, gehandelt und geschoben werden. In Frankfurt richteten die Amerikaner eine Tauschzentrale ein, das Barter-Center. Die zum Verkauf angebotenen Gegenstände erhielten von angestellten Schätzern eine Punktbewertung. Für diese Punkte konnten dann in der Verkaufsabteilung jeder ausgestellte Gegenstand, amerikanische Lebensmittel und Zigaretten erworben werden. Für sechs Punkte gab es eine Packung Chesterfield oder Camel.
Der »Spiegel« berichtet: »Von weither kommen sie angereist, beladen mit allem nur erdenklichen Hausrat. Kürzlich war der Schätzer gezwungen, eine Wäschemangel vom Fenster aus zu taxieren, da ihr Besitzer das zwei Zentner schwere Monstrum nicht bis in die erste Etage schleppen konnte.«
Das Barter-Center war natürlich auch dem organisierten Schwarzhandel willkommen. Hier konnte all das offiziell gegen Zigaretten – und die galten ja mehr als Geld – getauscht werden, was man sonst nicht los wurde. Eine Episode: »An der amerikanisch-britischen Grenzkontrolle in Eichenberg öffnet der Schwarzhändler seelenruhig seinen zigarettenbeladenen Koffer. Die Polizei grüßt höflich mit einem süßsauren Gesicht, nachdem ihr die Zigarettenquittung des Frankfurter Barter-Centers vorgezeigt wurde. Gegen von höchster Stelle sanktionierten Schwarzhandel ist selbst ein Beamter machtlos.«
Schwarzgehandelt wurde überall – in Großstädten wie Hamburg rund um die Reeperbahn, in München in Bogenhausen oder im berüchtigten Bahnhofsbunker von Hannover. Auch die Kleinstädte hatten ihre festen Plätze und Wohnungen; sogar in Dörfern wurde das Gesetz umgangen. Beliebt waren dort vor allem Schwarzschlachtungen. Im Kreise Gera wurden 21 Bauernfamilien wegen dieses Deliktes verurteilt, was weiter nichts Besonderes gewesen wäre, wenn nicht dieses Dorf überhaupt nur aus 21 Familien bestanden hätte. Ein Dorf war also geschlossen kriminell geworden – die schwarze Solidarität. Wie das zuging beim Schwarzschlachten und welche überraschenden Fähigkeiten manch einer entdeckte, der bislang ein Schwein nur von weitem gesehen hatte,

schildert Siegfried Lenz:
»Das erste, was ich in der Küche entdeckte, entdecken mußte, war der Sarg. Es war kein neuer Sarg, doch tadellos erhalten, mit Messingleisten beschlagen. Er stand halb unterm Tisch, und ich sah, daß die Politur beschlagen war von Küchendämpfen ... Ich sagte: ›Herzliches Beileid. Wen hat's denn bei euch erwischt?‹ Er lächelte kummervoll. ›Unsere Oma‹, sagte er. ›Sie stirbt jede Woche einmal, jeden Dienstag.‹ ›Ist der Sarg gefüllt?‹ fragte ich. ›Heute ist nicht Dienstag‹, sagte er ...
Jeden Montag erwarteten wir voller Ungeduld den Landfriseur, der auf seinem Fahrrad-Anhänger ein halbes Dutzend Ferkel hereinbrachte, die wir in die Küche meines Kumpels hinauftrugen. Mein schmächtiger Kumpel schlachtete sie. Ich rasierte die Tierchen in der Waschbalge, in der kurz vorher das pausbäckige Baby gebadet worden war. Nach der Borstenrasur folgte das Tranchieren: Ein strenger Geruch erfüllte die Küche, die Fenster beschlugen, Dampf hüllte uns ein, während ich schlitzte, säbelte und hackte. Das blonde Mädchen mit dem fettigen Haar kochte Kaffee, drehte Zigaretten, die sie uns zwischen die Lippen schob, kontrollierte die Straße und lauschte an der Tür zum Treppenhaus, und sobald eines der rosigen Ferkel zerlegt war, pfiff ich, worauf sie zu uns kam und die portionsgerechten Stücke im Sarg verstaute.
Manchmal, mitten in der Nacht, in unserer hektischen Arbeit, begann das kräftige Baby zu schreien, so schrill, so durchdringend, daß ich fürchtete, die ganze Stadt würde davon aufwachen; darauf trug das Mädchen ihr schreiendes Baby herein, und der pausbäckige Kerl beruhigte sich erst, wenn er einen Ringelschwanz oder ein Ferkelohr zum Spielen bekam. Ja, ich sah ihn noch rittlings auf der bemerkenswerten Hüfte seiner Mutter sitzen, ein Schweinsohr zwischen den krummen, kleinen Wurstfingern, das er wie Buntpapier auseinanderzog und uns dadurch anzublicken versuchte und winzige, irre Schreie des Entzückens ausstieß.«
Das sind die Abenteuer, die dieser Zeit jene Würze gaben, die heute noch in vieler Erinnerung fortlebt. Vor allem jene Szenen sind im Gedächtnis haften geblieben, in denen man beim Schwarzschlachten erwischt wurde, einer Razzia entkommen konnte oder es bei Grenzkontrollen den Vordermann traf. Denn auf Reisen war fast jeder, von Zone zu Zone, von Schwarzmarkt zu Schwarzmarkt. Den unbestritten größten und frechsten schwarzen Markt der Westzonen gab es im Ruhrgebiet, genau in einem Vorort von Gelsenkirchen. Dort in Bulmke war alles anders. Wer die schwarzen Märkte von Hamburg, Düsseldorf oder Köln kannte, der war überrascht, denn hier war nichts zu sehen und zu hören von geheimen Flüstergeschäften. Alles geschah öffentlich, und jeder durfte zuhören. Tausende machten davon täglich Gebrauch.
Wer nach Bulmke kam und Geld hatte,

konnte alles kaufen: komplette Garderobenausstattungen einschließlich Damenhut und Abendkleid, Tabak und Alkohol jeder Qualität, Brot, Kartoffeln, Geflügel, Fahrräder oder Streichhölzer. Sogar Leidenschaften konnte im Schutz der grünen Parkanlagen gefrönt werden, die nichts mit einem leeren Magen oder mangelhafter Bekleidung zu tun hatten: Würfelspiel, Karten und Roulette, mit Einsätzen von 50 »Knochen« an aufwärts (»Knochen« hieß in der Bulmker Sprache die brave Reichsmark).
Razzien führten da nur selten zum gewünschten Erfolg. Abgesehen von den hohen Geldbeträgen, die den Festgenommenen abgenommen wurden, blieben die wirklichen Hintermänner und Organisatoren im dunkeln. Auch auf dem schwarzen Markt im schwarzen Revier hatten sich »Interessengemeinschaften« gebildet, die gegen alles Front machten, was ihre Geschäfte störte. Ihre Tätigkeit und Entschlossenheit haben manche Leute empfindlich zu spüren bekommen: Berichterstatter lokaler Zeitungen, die sich mit einer Kamera nach Bulmke begaben, kehrten einigermaßen ramponiert in die Redaktion zurück. Auch Beamten der Polizei war weder in Zivil noch in Uniform zu raten, sich anders als »streng außerdienstlich« nach Bulmke zu begeben.
Zur Bekämpfung der traurigen Attraktion Schwarzmarkt richtete die Hamburger Polizei sogar ein Sonderdezernat ein, das harte Schläge gegen das Schiebertum vorbereiten sollte. Ein Reporter, der eine solche Großrazzia begleitete, berichtet: »Kleine Gruppen und Grüppchen von Menschen finden sich zusammen. Eine junge Frau mit buntem Kopftuch steht im Hausflur. Sie bietet schlechte, abgetragene Schuhe für vierhundert Mark an. Nach jedem Anbieten und Ablehnen verschwinden die Schuhe wieder in der Einkaufstasche. An der Ecke ein verschmitzter Alter, um ihn herum drei Hausfrauen, eine trägt eine Milchkanne in der Hand. Es werden Brotmarken gehandelt. Während er mit den Frauen spricht, geht sein Blick unruhig mal nach links und mal nach rechts. Die Frauen sind unzufrieden, wohl empört, gehen weiter. Ein dünner Hagerer bietet Butter in Dosen an. Ich frage nach dem Preis. ›Zweineun‹, flüstert er. Nach der Schiebersprache müßte das zweihundertneunzig Mark heißen. In einer Toreinfahrt tuscheln viele Männer, Bohnenkaffee geht von Hand zu Hand, die Güte wird geprüft. Große und kleine Geldscheine werden gezählt, ein ganzes Bündel. Ein Soldat sammelt Kippen, seine viel zu großen Stiefel werden durch Bindfäden gehalten, zwei Sicherheitsnadeln zwingen die Uniformjacke zusammen. Ein Bursche ruft keck ›Feuersteine gefällig, vier Stück achtzehn Mark‹.
›Polizei‹ ruft einer. In die Gruppen kommt Bewegung. Eine Frau kreischt. Die Unruhe steigert sich, aus der Bewegung wird Laufen, doch zu spät. Jetzt tauchen von allen Seiten die Polizisten mit ihren grünen

Tschakos auf. Es wird eingekesselt. Da wendet sich das Bild: Die eben noch seltenen und raren, zu phantastischen Preisen angebotenen Waren werden auf die Straße geworfen, niemand will mit ›heißer Ware‹ angetroffen werden. Die Polizei treibt die Ertappten geschickt in eine Sackgasse.«
Ein Großschieber wird bei dieser Razzia vorläufig festgenommen. Erhaben klopft er dem Beamten auf die Schulter und beteuert: »Ich bin wirklich unschuldig, Herr Kommissar.« Waren wurden bei ihm nicht gefunden, aber etwa dreitausend Mark Bargeld. Vorstrafen: drei Jahre Gefängnis wegen Zuhälterei.
So erfolgreich die Razzien auch waren, so abschreckend sie auf viele wirkten, den Zusammenbruch des schwarzen Marktes konnten sie nicht herbeiführen. Solange noch irgendwo Werte vorhanden waren – Gemälde, Wäsche, Brillanten, Bestecke –, solange Hunger und Not das Land regierten, solange würde auch der schwarze Markt seinen Nährboden finden. Wo sonst sollte man sich Schweinefett, Marmelade, Slibowitz, Zucker und Zigaretten besorgen als bei den schnellen Geschäften in den dunklen Ecken?
All das geschah inmitten von Trümmern. Brandgeruch quoll je nach Windstärke und -richtung über die Straßen, und manch einer mußte unwillkürlich an den Ausspruch denken, der damals kursierte: »Ich weiß nicht, ich weiß nicht, mir hat der Zusammenbruch von 1918 besser gefallen.«
Ein Nebenprodukt des schwarzen Marktes waren die Grußbesteller, Hochstapler und falschen Doktoren. Millionen von Deutschen waren deportiert, versprengt, in Gefangenschaft geraten oder als vermißt gemeldet. Es war die Zeit der unklaren Verhältnisse. Da konnte es nicht ausbleiben, daß sich der eine oder andere entschloß, mit einem neuen Namen, gefälschten Papieren und einem imponierenden Titel sein Glück zu machen. Manch einer schlüpfte in eine andere Haut. So wurde aus dem Sanitätsgefreiten, der in Wehrmachtslazaretten das Knochenflicken gelernt hatte, ein Chirurg, der sich offiziell niederließ und dem – gegen fünfzig Bewerber – der Posten eines Chefarztes am Städtischen Krankenhaus von Baden-Baden übertragen wurde. Immerhin neun Monate hielt er sich, bevor seine Hochstapelei enttarnt wurde.
300 falsche Grafen, 392 falsche Doktoren, zwei Geistliche, die keine waren, meldet die offizielle Statistik. Wunderdoktoren hat es auch gegeben – vornehmlich in ländlichen Gebieten. Sie verstanden es, durch Handauflegen oder durch das Hantieren mit geheimnisvollen Kugeln und Pendeln den Bauern zu suggerieren, daß ihr Vieh dadurch geheilt werden könne und Unheil von ihrem Haus fernbliebe. Der Lohn: Naturalien. »Die Kraft ist einfach in mir«, lautete die Begründung eines solchen Wunderheilers, als er gefaßt wurde.
Ein jeder versuchte, sich durchzuschlagen, so gut es ging. Nicht jeder so spektakulär

wie in diesen Beispielen. Vielleicht haben die meisten so gelebt, wie das Heinrich Böll aufgezeigt hat:
»Ich selbst übte damals eine undankbare Funktion in unserer unbescholtenen Familie aus: ich war vierzehn Jahre alt und das einzige Bindeglied zu jener denkwürdigen Institution, die wir Schwarzmarkt nannten. Mein Vater war gefallen, meine Mutter bezog eine winzige Pension, und so bestand meine Aufgabe darin, fast täglich kleine Teile unseres geretteten Besitzes zu verscheuern oder sie gegen Brot, Kohle und Tabak zu tauschen. Die Kohle war damals Anlaß zu erheblichen Verletzungen des Eigentumsbegriffs, die man heute mit dem harten Wort Diebstahl bezeichnen muß. So ging ich fast täglich zum Diebstahl oder Verscheuern aus, und meine Mutter, obwohl ihr die Notwendigkeit eines solch anrüchigen Tuns einleuchtete, sah mich morgens nur mit Tränen in den Augen meinen komplizierten Pflichten entgegengehen. So hatte ich die Aufgabe, ein Kopfkissen zu Brot, eine Sammeltasse zu Grieß oder drei Bände Gustav Freytag zu fünfzig Gramm Kaffee zu machen, Aufgaben, denen ich zwar mit sportlichem Eifer, aber nicht ganz ohne Erbitterung und Angst oblag. Denn die Wertbegriffe – so nannten es die Erwachsenen damals – waren erheblich verschoben, und ich kam hin und wieder unberechtigterweise in den Verdacht der Unehrlichkeit, weil der Wert eines zu verscheuernden Objektes keineswegs dem entsprach, den meine Mutter für angemessen hielt. Es war schon eine bittere Aufgabe, als Vermittler zwischen zwei Wertwelten zu stehen, die sich inzwischen angeglichen zu haben scheinen.«

50

Geschäfte ohne Genehmigung, ohne Lebensmittelkarte, ohne Finanzamt. Hinter dem Wort »organisieren« verbarg sich ein ganzes Lebensgefühl. Beschaffen, auf jede Art und Weise, war die Devise. Und alle haben »organisiert«, die Mehrzahl aus Not. Die staatlichen Organe blieben machtlos, trotz wiederholter Androhung von drakonischen Strafen. Der Trieb zur Selbsterhaltung war stärker. Überall gab es Zentren des schwarzen Marktes, wie hier die Barackenlager ehemaliger ausländischer Zwangsarbeiter (50), die Talstraße in Hamburg (51) und das Gelände um den Münchener Hauptbahnhof (52).

51

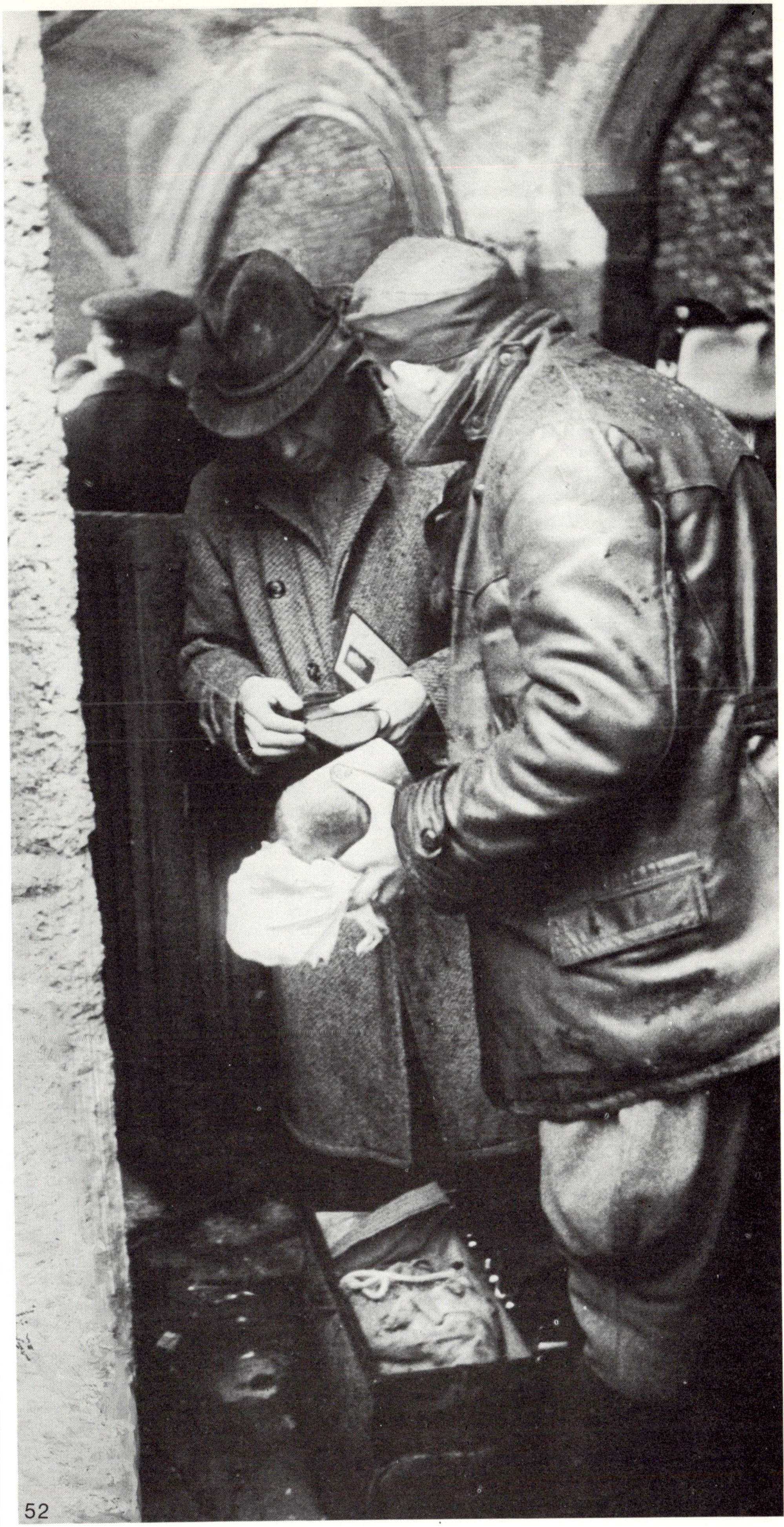

53

Selbst brave Bürger drängte es zu jenen Plätzen und Bezirken, auf denen der schwarze Markt blühte. Vor allem die großen und kleinen Schieber beherrschten dort meisterhaft die Strategie des Tauschens, des Beschaffens und des Kungelns. Auch bei Bier und Korn wurden Geschäfte gemacht (53). Nicht immer ging es dabei sauber zu. Und mancher Bürger mußte unfreiwilligerweise zur Selbsthilfe greifen, wenn er früh genug merkte, daß man ihn übers Ohr gehauen hatte (54).

54

56

Inmitten der Trümmer werden neue Sachen anprobiert. Auch das konnte man auf dem schwarzen Markt (55). Die junge Dame hat ihre Kompensationsware in einem Koffer verstaut. Glühbirnen, einen Fahrradschlauch und Obst. Ob das für einen neuen Rock oder eine neue Bluse reicht?

Vor allem Sachwerte waren gefragt. Dieser Mann versucht, ein wertvolles Service gegen etwas Eßbares einzutauschen. Was wird es bringen, scheint sich der Mann zu fragen, während der Taxator mit der Lupe gewissenhaft die Marke prüft (56).

57

Auf dem schwarzen Markt zahlte man nicht mit Geld, sondern vor allem mit Ware, »kompensieren« nannte man das. Und das ging so: »Für ein halbes Pfund Butter erhielten wir 50 Zigaretten. Zehn Stück behielten wir für uns. Mit dem Rest gingen wir in eine Kneipe. Wir rauchten eine Zigarette und das Geschäft war perfekt. Für die 40 Zigaretten erhielten wir eine Flasche Wein und eine Flasche Schnaps. Den Wein brachten wir nach Hause. Mit dem Schnaps fuhren wir aufs Land. Bald fanden wir einen Bauern, der uns für den Schnaps zwei Pfund Butter eintauschte« (57).

Auch die Besatzungssoldaten mischten da kräftig mit. Schnaps, Uhren und Fotoapparate wurden gegen Brot, Zucker und Speck getauscht. Dieser russische Soldat hat gleich drei Armbanduhren »erbeutet« (58).

59

Auf den abenteuerlichsten Wegen gelangten die Waren zum Käufer. Charakteristisch für die damalige Zeit waren vollbepackte Menschen, die mit Koffern durch das Land zogen (59). Daß sich darin manchmal saftige Kirschen verbargen, die zu Höchstpreisen an den Mann gebracht wurden, ahnte wohl niemand (60).

Der Münchener Fotograf Kurt Schraudenbach transportierte sogar ein Ferkel aus der französischen Besatzungszone in seine bayerische Heimat. Wohl selten hat sich ein Schwein so wohl gefühlt. Schraudenbach, der das

60

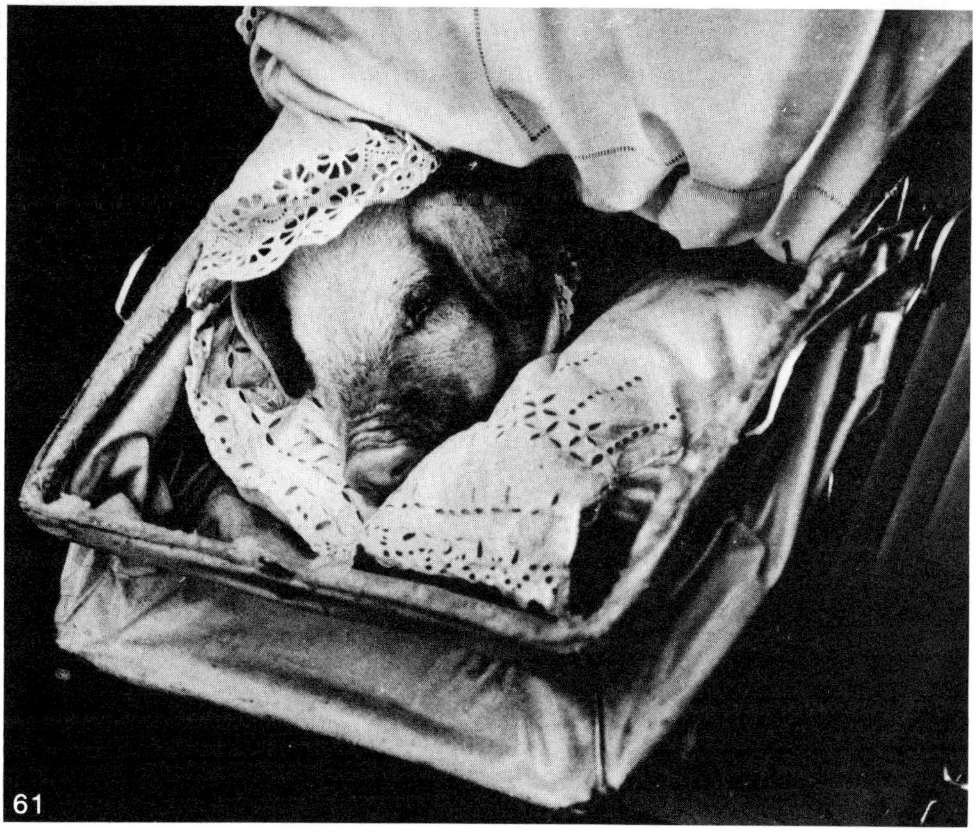

61

Schwein in einem Kinderwagen durch die Kontrollen brachte, stand allerdings Höllenqualen aus. Hätte das Schwein nämlich gegrunzt, dann wäre sein intelligenter Schwindel aufgedeckt worden (61).

Razzia! Sirenen heulen auf, Polizisten und Besatzungssoldaten springen von Fahrzeugen, Straßen werden abgeriegelt. Kontrolle! Lastzüge bringen die Verhafteten, bei denen fremdes Geld oder bewirtschaftete Waren gefunden werden, zu den Schnellgerichten. Ein Tag danach ist Ruhe in den Schwarzmarktzentren, dann geht der Handel wieder weiter. Die Großen werden selten erwischt. Eine der wichtigsten Nachschubquellen für den schwarzen Markt war der Schmuggel über die niederländische und belgische Grenze. Hier wurde besonders

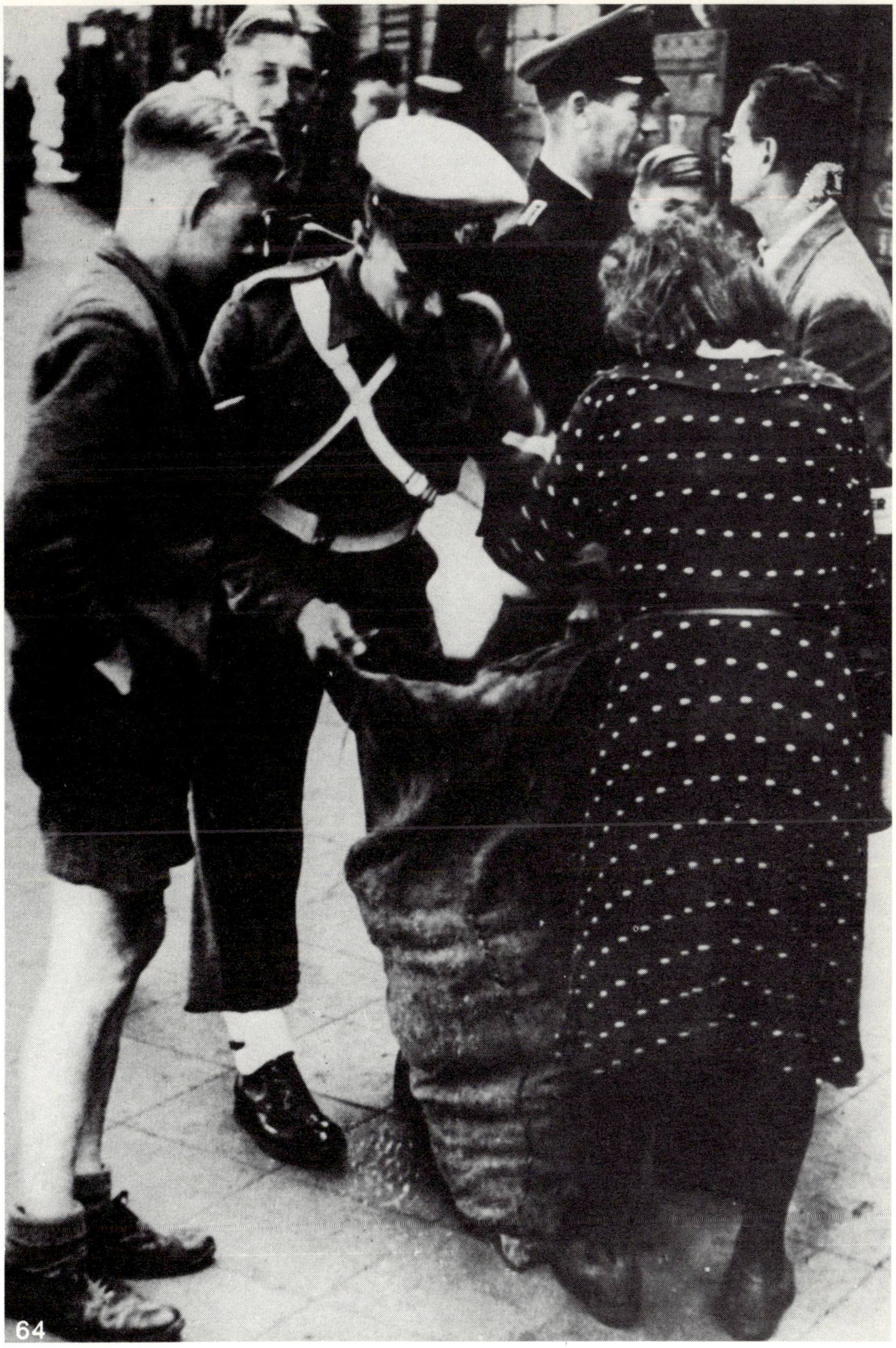

64

Kaffee von gecharterten Trägerkolonnen über die Grenze gebracht, nicht immer ohne Zwischenfälle (63).
Ein deutscher Zöllner verhaftet einen Schmuggler. Auch die britische Militärpolizei war auf der Hut. Auf dem Krefelder Bahnhof überprüft sie die Gepäckstücke der Reisenden, um Schleichhändler festzunehmen, die Tabak schmuggeln wollten (64). Auch die Amerikaner sorgten in ihrer Zone für Ordnung. Eine Streife kontrolliert den Koffer eines Verdächtigen auf dem Münchener Hauptbahnhof (62).

65

In Berlin hatte sich ein großer Schwarzmarkt im Tiergarten entwickelt. Doch oft wurde der »Handel« von russischer Militärpolizei gestört und so mancher Schwarzhändler, ob schuldig oder nicht schuldig, verhaftet (65).

Oft war der schwarze Markt auch das lockende Ziel für viele Jugendliche. Geldverdienen ohne Arbeit war ihr Wahlspruch. Mit kleinen Schiebereien fing es an (67), mit großem Betrug und Verhandlung vor dem Jugendgericht endete oft der Traum. Vor allem in Bahnhöfen und Kneipen wurde kontrolliert. Nicht immer trugen die Polizisten Uniform (66).

66

67

»Polizei!« ruft einer. In die Gruppen kommt Bewegung. Eine Frau kreischt. Die Unruhe steigert sich, aus der Bewegung wird Laufen. Von allen Seiten tauchen Polizisten auf. Es wird eingekesselt. Nichts wie weg – heißt die Devise (68).
Doch für viele ist es zu spät (69). Polizeihaft und einige Wochen »Knast« – das ist das »Berufsrisiko« der Schwarzhändler.

H

IV. Über die grüne Grenze

Am fünften Juli 1946, wenige Minuten nach zwölf Uhr, gab der englische Sergeant dem Grenzposten ein Zeichen. Der Schlagbaum, der Ost und West, russische von britischer Zone trennte, senkte sich. Staub- und schweißbedeckte Gestalten, die kurz vor der Demarkationslinie waren, trieben sich zu einer letzten Energieleistung an. Sie wollten noch rechtzeitig ihren turmhoch beladenen Panjewagen in den Westen karren. Erschöpft, doch aufatmend, lassen sie sich in den Straßengraben fallen. Geschafft!

Sie wissen: Rund 50 000 verzweifelte Menschen warten noch auf russischer Seite, weitere 35 000 sind von Halle her im Anmarsch, in der glühenden Julihitze des Jahres 1946. Ohne Verpflegung, ohne Obdach, ohne Hoffnung, denn von jetzt an ist die Grenze dicht. Drüben ist alles verändert. Flüchtlinge sind noch zahlreicher ins Land gekommen als das in den westlichen Besatzungszonen der Fall war. Mecklenburg, das fette, stille Bauernland, hat nun mehr als doppelt soviel Einwohner. Die Bevölkerung Thüringens ist auf rund zwei Millionen angewachsen, davon 700 000 Umsiedler und Evakuierte. Die Verhältnisse sind katastrophal. Kinder haben aufgedunsene Hungerbäuche, die Tuberkulose grassiert. Und der Flüchtlingsstrom reißt nicht ab. Die Westmächte haben ihre Grenzen gesperrt, in der Ostzone kommen aber noch Tag für Tag neue Transporte an – aus den noch weiter östlich liegenden ehemalig deutschen Gebieten, aus Rußland, aus den Balkanstaaten.

Wen wundert's da, daß Auswege aus dieser hoffnungslosen Lage gesucht und gefunden werden. Viele, allzuviele wollen in den Westen, mit Sack und Pack. Aber wie? – Über die grüne Grenze.

Und da es beinahe ebenso viele gibt, die »drüben« was zu tun haben, entwickelt sich in jenen Jahren ein reger, illegaler Grenz-

verkehr, bei Nacht und Nebel, oft geschützt vom hohen, grünen Waldvorhang der deutschen Mittelgebirge. Während die einen sich selbst und ihr letztes Hab und Gut in den damals alles andere als »goldenen« Westen bringen wollen, haben die, die ihnen entgegenkommen, meist andere Interessen. Schnaps handeln sie mit Vorliebe, den es drüben genug gibt. Der »Spiegel«:
»Man nimmt zwei leere Flaschen mit, geht über die Grenze, gibt an bestimmten Stellen die beiden leeren Flaschen ab und erhält dafür eine gefüllte. Preis 50 bis 60 Reichsmark.
Im Inland kostet eine Flasche Schnaps schwarz 200 bis 250 Reichsmark. Nur ein Haken ist dabei. Man muß erst zwei leere Flaschen haben. Aus diesem Grunde muß man für eine leere Flasche diesseits ebenfalls 60 Reichsmark bezahlen, um jenseits eine gefüllte einhandeln zu können.
Diese Tatsache hat viele findige Harzer auf die Flaschenjagd geführt, die ebenso lohnend ist wie der Schmuggel mit dem ›Geist‹. Sie fahren weit ins diesseitige Land hinein und kaufen leere Flaschen auf. Schnaps bekommt man also bei diesen Voraussetzungen. Man kommt auch gut über die Grenze zurück. Die russischen Posten sagen nichts. Sie nicken nur verständnisvoll. Aber die deutsche Grenz- und Zollpolizei ist auch noch da.
Jeder, der erwischt wird, verliert nicht nur seinen Schnaps, seine teuer erworbenen Flaschen, er verliert auch für drei Tage seine Freiheit.« Aber ein guter Schwarzhändler kalkuliert ein solches Mißgeschick ein. Das Geschäftsrisiko trägt immer der Käufer, und der zahlt mit Barem oder Zigaretten.
Wenn sie sich dann treffen, irgendwo zwischen Brocken und Torfhaus, im dichten Unterholz des Harzer Fichtenwaldes, dann ist vor lauter Gepäck und Last der Mensch nur noch eine unsichtbare Energiequelle, die das Ganze über die Grenze wuchtet. Einer, der dabeigewesen ist, berichtet:
»Es war, als wanderten die Lasten allein über die Grenze, als wären die Menschen nur nebensächliche Imponderabilien, allenfalls gut genug, Gepäck zu bewegen oder zu bewachen. Rechts und links der Straße von Friedland war das Gepäck zu Bergen getürmt, zu kunstvollen Häusern und Höhlen zusammengebaut, in denen Familien Schatten suchten. Ganze Schlafzimmereinrichtungen waren auf wackligen Leiterwagen herübergekarrt worden, Kaninchenställe, Klaviere, komplette Hühnerfarmen. Seine Majestät der Handwagen! Er war unzertrennbar vom Gepäck, ebenso wichtig, vielleicht noch wichtiger gar. Denn der Handwagen war international. Er hatte einen Interzonenpaß. Wer auf der ›russischen Seite‹ einen ›Handwagenschein‹ besaß, war berechtigt, die Grenze beliebig oft zu überschreiten. Schicksale hingen daran!«
Nicht jeder hatte einen Handwagen, und der half auch nur bis zu jenem legendären 5. Juli 1946. Die danach kamen, mußten

schwarzgehen, geführt von Profis, die manchmal nicht nur den Weg kannten. Diebstahl war an der Tagesordnung. Bis zu 30 Kilometer war er lang, der Weg. Aber für die harte Arbeit gab es auch gutes Geld. Hans Jürgen Krüger hat das damals erlebt:

»Er kannte ja die Gegend ganz genau. Diesmal brach er in der ersten Abenddämmerung auf. Er brachte gegen Barzahlung in der Zigarettenwährung einen Mann, eine junge Frau und einen Haufen Gepäck über die Grenze. Er wußte einen Weg durch Niederwald und Gestrüpp, einen guten Weg, fast dreißig Kilometer Fußmarsch. Aber er ging schon mit verdoppelter Vorsicht. Er ging nachts, und er tat es deshalb, wie er sagte, weil er nachts die Gewehre der russischen Posten nicht fürchtete.

›Und der Mann? Und die Frau?‹

›Ach was‹, sagte er, ›mich hätten sie sowieso nicht erwischt.‹

›Aber der Mann und die Frau?‹

›Die auch nicht. Die hab' ich ja geführt. Ich kenn' jeden Weg hier.‹

›Aber du hast doch selbst gesagt, daß sie schießen. Du hast doch selbst . . .‹

›Wenn du nicht stehn bleibst, hab' ich gesagt.‹

Er blinzelte herüber. ›Vorher rufen sie, hab' ich gesagt, und dann mußt du stehn bleiben. Und wenn du nicht stehn bleibst, dann schießen sie. Und weil es dunkel ist, Mensch, in der Dunkelheit . . . Bist du Soldat gewesen? In der Dunkelheit zu treffen, Mensch, dazu gehört schon . . .‹

An vielen Stellen, nicht nur im Harz, konnte die damals noch nicht verminte, von Scheinwerfern gleißend hell erleuchtete und mit keinem gepflügten Todesstreifen versehene deutsch-deutsche Grenze überquert werden. So z. B. im Helmstedter Kohlenrevier. Ungezählte sind hier hinüber- und herübergewechselt. Anfangs war es leicht. Lokführer, die mit Kohle vom Englischen ins Russische und mit leeren Waggons umgekehrt fuhren, nahmen manchen mit. Nicht immer umsonst.

Dann wurde es schwieriger. Der Werkschutz und die russischen Posten hielten die Augen offen. Dennoch versuchten es viele. Und sie schafften es. Selten eine Großrazzia, bei der Koffer geöffnet und Gepäckstücke kontrolliert wurden. Das Ergebnis ist mager. Letzte Habseligkeiten, Zeugnisse von Not, Elend und Hunger. Sie gehören armen Hunden. Aber es sind auch andere Koffer dabei – prall gefüllt mit ausländischen Zigaretten, mit Medikamenten oder Schokolade.

Beladen wie Kulis kommen sie, ein langgestreckter Zug bepackter und schweigsamer Gestalten. Auf der anderen Seite, gestern abend noch, haben sie geschimpft, auf den Krieg, auf die Grenze, auf die Wachen, die wieder einen erschossen haben sollen – hundert Meter vor dem Wald. Jetzt stehen sie auf englischem Boden, sind froh, gut gelaunt. Sie haben ihn geschafft, den Weg vom Regen in die Traufe. Ihnen wird es hier materiell nicht

besser gehen, das wissen sie, aber sie haben genug von Marschkolonnen, Einheitspartei und Bespitzelung. Nach 12 Jahren.
Das Uhrwerk einer gut eingespielten Organisation beginnt zu arbeiten. Eine fahrbare Kantine der Heilsarmee schenkt Kakao an Kinder aus, Kaffee an Erwachsene. Lastwagen pendeln von früh bis spät zwischen Grenze und Lager, beladen mit allem, was an Menschen, Möbeln, Säcken am Straßenrand steht.
Registratur, Marschverpflegung, Entlausung. Stationen in eine neue Zivilisation, die keine ist. Noch nicht!«

70

Mitten durch das Land geht eine Grenze. Auf der einen Seite des »Eisernen Vorhangs« regieren die Westmächte, auf der anderen die sowjetische Besatzungsmacht. Viele, allzu viele wollen in den Westen, mit Sack und Pack, über die damals noch grüne Grenze. Ein illegaler Grenzverkehr entwickelt sich. Bei Nacht und Nebel, oft geschützt vom grünen Waldvorhang der deutschen Mittelgebirge, versuchen die einen ihr letztes Hab und Gut in den »goldenen Westen« zu bringen (72). Die Entgegenkommenden haben da andere Interessen. Sie handeln mit Vorliebe Schnaps, den es im Osten reichlich gibt.

Schwer schleppend zogen sie über die Straßen und Feldwege der deutsch-deutschen Grenze entgegen. Letzte Habseligkeiten, Zeugnisse von Not und Elend auf dem Buckel (70, 73). Den offiziellen Grenzübergang, hier bei Marienborn, benutzen nur wenige. »Laßt mich rüber«, fleht diese junge Dame. Doch das war ohne Papiere eine hoffnungslose Bitte (71).

73

V. Als Kälte und Hunger das Land regierten

Der Winter 1946/47 sollte zur härtesten Bewährungsprobe für die Bevölkerung werden. Die allgemeine Versorgungskrise wurde durch »General Winter« unvorstellbar gesteigert. Man nannte diese Zeit auch das »8. Kriegsjahr« und das Inferno hätte nicht bedrohlicher sein können: Die für die Beförderung von Kohlen nötigen Transportmittel waren kaum noch einsatzfähig. Der Rhein fror auf 60 Kilometer zu, Kanäle vereisten. Allein in der britischen Zone waren von 6500 Lokomotiven nur 2500 einsatzfähig.
Vor allem die Energieversorgung der Großstädte war katastrophal. In den Gaststätten wurde der Betrieb nur noch 2 bis 3 Tage pro Woche aufrechterhalten, Einzelhandelsgeschäfte öffneten nur noch von 10 bis 14 Uhr. Schulen und Universitäten schlossen ihre Pforten.
In Berlin sind Mitte Februar 1947 bereits 134 Tote als Opfer der Kälte zu beklagen, 500 Menschen haben schwere Erfrierungen erlitten. Lokale werden zu öffentlichen Wärmehallen deklariert, Hotels müssen schließen. Eine halbe Million Menschen sind durch die Kälte arbeitslos. Die meiste Zeit des Tages sitzen die Berliner in »Dauerdunkelhaft«: im britischen Sektor wird der Strom für 12 Stunden abgeschaltet, in den anderen drei Sektoren sind es nur 8.
In der US-Zone werden sogar 75 Prozent aller Industrieunternehmen stillgelegt, der Kieler innere Hafen friert bei Temperaturen von 20 Grad unter Null zu. Die meisten Krankenhäuser verfügen über keine Notstromaggregate, so daß während der

Stromsperren nicht operiert werden kann. Die Zahl der Tbc-Kranken steigt in diesen Wochen um das Fünffache.
Der Zweifrontenkrieg gegen Hunger und Kälte fordert vor allem in Norddeutschland hohe Opfer. Allein in Hamburg leben mehr als 50 000 Menschen in Notquartieren. Ein großer Teil von ihnen bevölkert die ehemaligen Luftschutzbunker, der Rest haust in Nissenhütten. Von 80 000 Hauswasserleitungen sind 16 000 geplatzt oder eingefroren. An Hygiene denkt längst niemand mehr. Die Devise lautet: überleben um jeden Preis. Doch der »weiße Tod« hält auch in Hamburg unerbittliche Ernte. Schon im Januar werden 26 Kältetote und über 100 schwere Erfrierungen registriert.
Vor allem die in den Nissenhütten Vegetierenden sind bedroht. Die Hütten sind nicht winterfest, durch die vielen Fugen und Ritzen zieht der eisige Wind. Bis zu 13 Grad Kälte hat man schon im Inneren gemessen. Besonders bedroht sind Kleinkinder. Es gibt kaum Decken für sie, und sie müssen bei den Erwachsenen mit unter die Decke kriechen, um wenigstens einen Hauch von Wärme zu spüren.
In den Krankenrevieren frieren die Medikamente in den Flaschen zu Kristallen und viele ärztliche Instrumente platzen auseinander. Die Lagerinsassen teilen sich zu freiwilligen Wachen ein, um zu verhindern, daß auch der letzte Wandbeschlag abmontiert und verfeuert wird. In den Abortbaracken gibt es keine Fenster und Türen mehr, auch die Brillen und die sogenannten »Schamwände« fehlen – angesichts der lebensbedrohenden Kälte treten solche Dinge in den Hintergrund. Infolge der schlechten Isolierung ist die Bildung von Kondenswasser sehr stark. Es setzt sich vornehmlich an den Wellblechrippen ab, gefriert bei Abkühlung und tropft bei Erwärmung herab, so daß sich alles in einem Zustand ständiger Feuchtigkeit befindet. Bei Einstellung der Beheizung verwandeln sich die Quartiere in wahre Eispaläste, der Zementfußboden ist mit eisiger Glätte überzogen.
Die Diebstähle nehmen zu – was einst der Mundraub, das ist heute der Heizungsklau. Von rund 9200 Diebstahldelikten im Januar 1947 sind allein in Hamburg 4600 Kohlendiebstähle.
Geradezu generalstabsmäßig wird vorgegangen: Die Diebe haben einen Angriffsplan, sie schicken Späher voraus – meist Kinder, denn die fallen nicht so auf –, sie kennen jeden Trick. Die Lage: morgens 5 Uhr, stockdunkle Nacht, der Güterbahnhof liegt gespenstig verlassen vor ihnen. Schneidender Wind fegt über die Gleise, Schatten huschen heran. Ein Kohlezug trifft ein. Hunderte von Menschen schwingen sich auf die noch rollenden Waggons, scharren mit vor Frost klammen Fingern die Kohlen zusammen, füllen sie hastig in Säcke, lassen diese geübt zur Erde gleiten, springen ab, fallen hin. Wer sich verletzt, liegenbleibt, hat eben Pech gehabt – keiner kümmert sich um ihn.

Eine andere Szene: Kinder lungern nachmittags am Bahndamm herum, der Sperrgebiet ist. Ein einzelner Waggon steht da. Als sie den noch halbvollen Waggon erreichen, fallen sie über die fünf Tonnen Briketts her, häufen die schwarzen Brocken in Säcke und schleppen die viel zu schwere Last nach Hause.
Wenn die Bahnpolizei kommt, weiß man, was zu tun ist. Sobald die Beamten den Zug umstellt haben, werden die Säcke geleert, möglichst die Böschung hinunter – die Beute kann man am Abend in aller Ruhe einsammeln. So ist es täglich, und es ist nichts Besonderes, sagen die Leute.
In Köln kommen auf diese Weise im Januar 1947 täglich bzw. nächtlich annähernd 900 Tonnen Briketts aus den Zügen – eine beachtliche »Gemeinschaftsleistung«.
Man wußte sich im Recht und glaubte sich von höchster Stelle legitimiert. In der Silvesteransprache hatte Kardinal Frings verkündet: »Man kann es dem einzelnen nicht verwehren, das Dringendste zur Erhaltung von Leben und Gesundheit zu nehmen, wenn er es durch Arbeit oder Bitten nicht erhält.« Das war das Signal zum Handeln, und eine bis dahin nicht gekannte Aktivität der Bürger setzte ein: »fringsen« nannte man das und konnte es ohne allzu schlechtes Gewissen betreiben, denn was ein hoher kirchlicher Würdenträger rechtfertigte, konnte die weltliche Macht schlecht rückgängig machen.

Als Mitte Januar der geheiligte Kohlenklau überhand nahm, sah sich der Kardinal allerdings zum Rückzug gezwungen – er ließ seiner weitherzigen Silvesterbotschaft einige bremsende Erläuterungen folgen, und nun mußte jeder sehen, wie er ohne kirchlichen Segen an die begehrten schwarzen Brocken kam.

75

Der Winter 1946/47 sollte zur härtesten Bewährungsprobe für die Bevölkerung werden. Die Deutschen hatten bereits sechs Monate lang im Durchschnitt mit 1046 Kalorien pro Tag auskommen müssen. Nun trat zu allem Übel noch eine lang anhaltende Kälteperiode hinzu. Die Straßen waren wie leergefegt, nur ein paar Unentwegte räumen noch die Trümmer weg – der Briefträger wandelt durch die Geisterlandschaft von Berlin-Kreuzberg (74). Wer erwartet hier eigentlich Post?

76

77

Die Beschaffung von Brennholz war zum wichtigsten Lebensinhalt geworden. Man schleppte es über weite Strecken in Säcken und Tornistern heran (75) – immer verpackt, aus Angst vor der Entdeckung durch alliierte Kontrollen. Man sägte ganze hölzerne Schiffsruder mit primitiven Werkzeugen durch (76), brachte seine Beute glücklich im Handwagen heim (77) oder versuchte, einem der letzten Baumstümpfe vor dem alten Reichstag mit untauglichen Mitteln zu Leibe zu rücken (78).

79

80

81

Allein in Berlin wurden in diesen Tagen über 200 Kältetote gezählt, und bei 15 Grad unter Null trieb es gerade die älteren Bürger in die öffentlichen Wärmehallen (80). Hier sorgten immerhin einige Kanonenöfen für ein bißchen Wärme, was man von diesem ehemaligen Ballsaal in der Nähe von Bad Segeberg gewiß nicht sagen konnte (79). Er war zur Unterbringung von 85 Flüchtlingen vorgesehen – an den Decken und Wänden hän-

gen noch die Dekorationen vom letzten Kostümfest (81). Die Frauen mußten das Essen auf offenen Feuerstellen zubereiten. Der Kommentar eines Insassen: »Ich habe das mitgemacht. Es war schlimmer als der Krieg.«

82

Für die Flüchtlinge aus dem Osten war die Not am größten, denn sie hatten oft nicht einmal das Nötigste retten können. Vor allem in Schleswig-Holstein wurden riesige Auffanglager gebaut, wie hier in Bad Segeberg.

Man kam meist völlig erschöpft an und ruhte zunächst einmal in den notdürftig mit Krankenbahren ausgestatteten Nissenhütten aus (82). Eine karge Mahlzeit war oft der einzige Willkommensgruß der neuen Heimat

83

84

84). Die teilweise erbärmlichen
Umstände können manche aber
nicht von ihren gewohnten Tätig-
keiten abhalten: Stricken inmit-
ten totaler Hoffnungslosigkeit (83).

85

Die schweren Luftangriffe der alliierten Bomberflotten hatten in manchen deutschen Großstädten bis zu 60 Prozent allen Wohnraums vernichtet. Frei nach der Devise des britischen Luftmarschalls Harris, »Die Zerstörung von Industrieanlagen erschien uns stets als eine Art Sonderprämie. Unser eigentliches Ziel war immer die Innenstadt.«, waren 131 Städte durch Großangriffe schwer getroffen worden.

86

Manche Wohnungen waren nur noch über sogenannte »Freitreppen« (85) zu erreichen, man mußte schon teilweise schwindelfrei sein (86). Dieses junge Paar haust in einem gut erhaltenen Tresor einer ansonsten total zerstörten Bank im Herzen Frankfurts, gekocht wird im Freien (87).

88

Die Gegensätze könnten nicht erschütternder sein: Auf der einen Seite Überfluß für die, die Gegenwerte zum Tauschen hatten (88) – auf der anderen Seite der tägliche Sturm auf die Freibank, hier in München (89). Hunderte von Frauen wurden im Gedränge ohnmächtig. Von Freundinnen wurden sie zur erhofften Fleischportion geschleppt. Bis zu 39 Stunden standen die Menschen vor der Freibank an. Es gab Gedränge, Ohnmachtsanfälle, Quetschungen, Stockhiebe.

Montag
Mittwoch
Donnerstag
Freitag
Samstag

90

91

Eine Familie ist glücklich. Zum dritten Advent erhält sie ein Care-Paket aus den USA. Die unverhoffte Weihnachtsüberraschung kam durch die Brieffreundschaft der ältesten Tochter zustande (91). Die Alternative waren Kochgeschirre voll dünner Wassersuppen (90) oder die Notspeisungen der alliierten Soldaten, wie hier aus einer russischen Gulaschkanone in Berlin (92). Nur die Kinder scheinen vom Elend unberührt – ihr unbekümmertes Ringelreihen spricht für sich (93).

VI. Überfüllte Züge, Hamsterfahrten, Kontrollen

Wer in diesen Tagen reisen wollte, kam meist erst gar nicht vom Fleck, denn zwei Fünftel aller Verkehrsanlagen waren zerstört – in den Großstädten, insbesondere im Ruhrgebiet, bis zu 90 Prozent. Ganze 18 Züge waren einsatzbereit! Auf private Verkehrsmittel wie das Auto konnte man nicht umsteigen, die gab es einfach nicht mehr – außer für die Alliierten und ein paar privilegierte Personen der deutschen Zivil- und Wirtschaftsverwaltung.

Das Chaos war unvorstellbar: Schließlich mußten 25 Millionen Deutsche – Flüchtlinge, Ausgebombte, Evakuierte, heimkehrende Kriegsgefangene, ehemalige Arbeitsverpflichtete –, die aus ihren Heimatorten verschlagen waren, transportiert werden. Hinzu kam der ungeheure Bedarf der Industrie.

Der Mangel diktierte also den Fahrplan der Reichsbahn, und wenn man dann einen »neuen« Zug aus der Reparaturwerkstatt in Dienst stellte, blieb er wegen der minderwertigen Schlackenkohle garantiert an der kleinsten Steigung liegen oder, was noch häufiger vorkam, der Dampf entwich aus einigen undichten Stellen der Kesselanlage. Verspätungen von 150 Minuten über eine Distanz von 300 Kilometern waren da keine Seltenheit.

Priorität sollte beim Wiederaufbau der Güterverkehr genießen, denn die Versorgung der Bevölkerung mit Nahrungsmitteln und Heizmaterial stand an erster Stelle. Für die Mehrzahl der Menschen wirkte sich diese Politik katastrophal aus: Die wenigen Züge im Personenverkehr verkehrten unregelmäßig, an feste Fahrpläne war

nicht zu denken. Doch Fahrkarten wurden verkauft – mehr, als Plätze vorhanden waren. Die Konsequenz: Trauben von Menschen in den Zügen, auf den Waggondächern, zwischen den Puffern, an den Türen verkeilt. Rücksicht wurde nicht genommen, und wer zuerst kam, der hatte auch seinen Sitzplatz, eine harte Holzbank zwar nur, aber immerhin.
Hinzu kam das Problem der Kontrollen, wenn man von einer Besatzungszone in die andere hinüberwechselte – die Franzosen waren hier besonders verrucht und achteten streng auf gültige Reisepapiere und etwaiges Hamstergut.
So konnte man im damals größten Bahnhof der westlichen Zonen, in Frankfurt/M., noch leere Züge bewundern: Sie fuhren rheinabwärts, in den »rheinischen Korridor«. Die Reisenden wollten die inquisitorischen Kontrollen in der französischen Zone vermeiden.
Dafür waren die D-Züge, die plombiert von Rüdesheim in der amerikanischen Zone bis Beuel in der britischen Zone durchfuhren, schon in Frankfurt überfüllt. Die Raufereien in diesen Zügen gehörten 1946 zum alltäglichen Bild im Frankfurter Hauptbahnhof. Ein paar Stunden Aufenthalt auf diesem Bahnhof war der beste Anschauungsunterricht über die Verhältnisse, die man als normal hinnehmen mußte: Über den ehemaligen Bahnsteigen die Fugen der Stahlgerüste, die kein Dach mehr tragen. Wenn ein Wolkenbruch kommt, strömt es in wilden Katarakten auf die Bahnsteige. Arbeiten an Unterführungen und Gebäuden können mangels Material nicht ausgeführt werden. Eine Mischung von Unrast und Geschäftigkeit, Elend, Jammer und Fragwürdigkeit macht jene Masse Mensch aus, die wie ein quirlender, brodelnder Haufen hin und her wogt.
Nebenan steht ein sogenannter »Puderzug«, eine fahrbare Entlausungsstelle, in der bis zu 2000 Menschen täglich die berühmte DDT-Puderung mit Flitspritze erhalten.
Tag für Tag und Nacht für Nacht das gleiche diabolische Bild: orientierungslose Heimatvertriebene, bettelnde Hungrige, vor Schwäche zusammengeklappte Menschen. Und vor allem eines: Hunger, Hunger! Bahnhofsmissionen, Rot-Kreuz-Stationen und Heilsarmee kommen kaum nach. In der Betreuungsstelle für Mütter und Kinder ausgesetzte Babys und Mütter, deren Kinder im allgemeinen Gewühl abhanden gekommen sind.
Und dann die Hamsterer. Die ersten Kartoffelfahrten im Herbst 1945 sind für viele unvergessen, denn die Winterversorgung für die Städte wird nicht etwa waggonweise herangeschafft, nein, hier hat sich eine neue Maßeinheit etabliert: Traglasten von 30–60 Pfund, in Rucksäcken, Koffern und Flechtkörben transportiert. Inmitten all des Elends, in den übervollen Zügen und auf überquellenden Bahnsteigen Menschentrauben, die sich auf Kartoffelfahrt begeben.
Auf den Zielbahnhöfen, wie etwa in der

Lüneburger Heide, dann die müden enttäuschten Gesichter, wenn man nicht durch den Polizeikordon gekommen ist und die mühsam erworbenen 20 Pfund perdu sind. »Niemals wieder!« ist der allgemeine Tenor in den Zügen und doch fahren sie immer wieder, weil es ein Argument gibt: Hunger. Und dann die Rechnung, die eigentlich jeder von ihnen aufmachen müßte: bei 3 Stunden Hin- und Rückfahrt sowie teilweise 4 bis 5 Stunden Fußmarsch hat man soviel Kalorien verpulvert, daß die Beute von 10 oder 15 Pfund Kartoffeln eigentlich zu gering bemessen ist. Lohnt sich das überhaupt? Diese Frage beantwortete sich immer wieder von selbst durch die Tausende und Abertausende, die durch das Land streifen.

Genormte Sätze für den Hamsterverkehr gibt es nicht. Wurst, Eier und Schinken gegen ein schönes Meißner Porzellan-Service oder den guten Perser sind zwar nicht selten, aber nicht die Regel. Viele Bauern geben den Nachfragenden, und wenn es nur eine Handvoll ist, manchmal sogar kostenlos, manchmal entsprechend den Schwarzmarktpreisen der Großstädte. Andere wieder geben gar nichts, denn sie haben schlechte Erfahrungen gemacht, sind hereingelegt worden.

Die Polizei bewacht in besonders »beliebten« Gegenden die Saatkartoffeln, trotzdem kommt es immer wieder zu Diebstählen; auf den Koppeln wird nachts das Vieh schwarzgeschlachtet, morgens finden sich nicht einmal mehr die Innereien der Tiere – die Not frißt alles weg.

Einsame Höfe werden ausgeraubt und die allgemeine Unsicherheit macht die Bauern zuweilen hart gegenüber den Stadtmenschen. Da helfen auch keine Aufrufe zu einer Lebensmittelsammelwoche, wie die vom Juni 1946, in der an die Großherzigkeit des einzelnen und seine Verantwortung gegenüber der Gemeinschaft appelliert wird.

An zweiter Stelle in der Beliebtheitsskala steht nach den Kartoffeln das Gemüse – und beinahe jeder Hamsterer weiß, wo es dies reichlich gibt: in Schleswig-Holstein. Hier wachsen Massen von Steckrüben, Möhren, Rote Beete und der berühmte Dithmarscher Kohl. 400 000 Tonnen, das sind gut 150 bis 160 Millionen Köpfe, wurden in guten Zeiten geerntet. Jetzt, 1946, hat die Kohlschabe sie zu einem Drittel vernichtet, Rotkohl gibt es gar nicht mehr. Die Aussichten für Hamsterer sind bei dieser Lage schlecht und die hochbepackten Wagen und Lastzüge sind sorgfältig abgedichtet, denn sonst würde nach einer Fahrt nach Hamburg oder ins Ruhrgebiet ein großer Teil der Ladung fehlen.

Hier kommt man nur mit Kompensieren weiter: Gummistiefel oder Langschäfter für die Arbeiter auf den nassen Feldern gegen ein paar Köpfe Kohl. Doch dann bleibt das leidige Transportproblem: Wie bekommt man mehr als zwei Köpfe in einen Rucksack und den Rest in Einkaufstaschen, ohne aufzufallen und als Hamsterer festgehalten zu werden?

Wie solche Kontrollen verliefen, mutet zuweilen komisch an und doch waren sie bitterer Ernst für diejenigen, die darunter zu leiden hatten. Grenzbahnhof Eichenberg bei Kassel, zwischen britischer und amerikanischer Zone: Die Reisenden sind sämtlich zwei Schritte vor ihrem Abteil angetreten und halten die Ausweispapiere griffbereit. Die deutschen Polizisten, junge Männer in dunkelblauen Uniformen, lassen sogar Krüppel und Kranke auf den Bahnsteig bringen. Die Waggons werden sorgsam nach versteckten Passagieren durchsucht. Die Polizisten kommen von zwei Seiten, und wer sich geschickt in der Mitte placiert hat, kommt noch einmal davon, weil die Aufenthaltszeiten für die Züge eingehalten werden sollen.
Die Grenzpolizei arbeitet gründlich. Alle Flüssigkeiten sind anrüchig. Bekanntlich kann man ja Likör auch auf Haarwasserflaschen abfüllen. Jede Art von Alkohol ist verdächtig, denn nur Kenner unterscheiden selbstgemachten Kümmel von Johnny Walker. Nichts darf nach Kaffee riechen. Geschlossene Dosen, mit oder ohne Aufschrift, werden grundsätzlich beschlagnahmt.
Plötzlich wird in einem unscheinbaren Gepäckstück eine Flasche Cognac gefunden. Noch ehe der Grenzbeamte einschreiten kann, hat die Flasche die Runde gemacht – der Schnaps ist gerettet.
Wenn das entwürdigende Schauspiel vorüber ist, begibt man sich in die Abteile, bis auf jene, die keinen Passierschein vorlegen können. Wer mehr als 15 Pfund im Rucksack mit sich führt, ist schon vorher ausgesondert worden. Der Zug setzt sich in Bewegung und der Menschheit ganzer Jammer hockt auf den Trittbrettern – froh, doch noch etwas gerettet zu haben, entmutigt, weil der Rucksack leer ist oder ganz einfach apathisch, weil die Kraft zu anderen Gemütsbewegungen fehlt.
Wer an den großen Drehscheiben für den Verkehr zwischen den drei Besatzungszonen umsteigen muß, bekommt das ganze Elend dieser Zeit zu spüren. Kassel etwa war in jenen Tagen ein solcher Umschlagplatz menschlicher Not. Hier hocken und kauern auf dem Boden, auf Tischen, Stühlen und Bänken die Armseligsten der Armseligen, ganz in Lethargie und Passivität versunken.
Die dünne Suppe vom Roten Kreuz vermag niemanden zu ermuntern, keiner beachtet die privaten Suchdienstzettel, die sich zu Plakaten reihen, ja, zu Wänden eines einzigen menschlichen Verzweiflungsschreies. Man will seine Ruhe, kann die Gedanken nicht noch an andere Schicksale verschwenden. Wer schließlich um 6 Uhr 50 nach Frankfurt fahren will, tut gut daran, um 3 Uhr vor der Sperre zu sein. Wenn diese sich dann um 4 Uhr öffnet, bricht der Sturm los und kein Beamter vermag diese Flut von Menschen aufzuhalten. Da wird getreten und geboxt, was zählt, ist ein Sitzplatz und nicht etwa Rücksichtnahme. Der Mensch wird zur Bestie. Die Verhältnisse haben ihn dazu gemacht.

95

96

Reisen in Deutschland: Wer in diesen Tagen auf öffentliche Verkehrsmittel angewiesen war, und das waren 99 Prozent aller Menschen, kam meist gar nicht vom Fleck. Immerhin waren zwei Fünftel aller Verkehrsanlagen zerstört, im Ruhrgebiet sogar bis zu 90 Prozent. Menschentrauben an den Türen und auf den Dächern (94), endloses, stumpfsinniges Warten auf den Bahnhöfen (95, 96), langwieriges Umsteigen mit Bergen von Gepäck und Hamstergut waren die Folgen (97). Das Chaos war unvorstellbar – in der britischen Zone blieben nach der Kapitulation ganze 18 Züge einsatzbereit!

Hamsterfahrten waren einfach lebensnotwendig. Die ersten Kartoffelfahrten begannen im Herbst 1945 – ein strenger Winter kündigte sich an. Rucksäcke und Flechtkörbe, Koffer und Tragetaschen mußten für den Transport von Wurst, Eiern, Schinken, Gemüse und immer wieder Kartoffeln herhalten. Glücklich ist, wer etwas Ordentliches ergattert hat, doch noch ist er nicht durch die Kontrollen gekommen, die allenthalben auf den Bahnhöfen errichtet wurden, um das Hamstern zu unterbinden (98).
Und dann mußte man sich auch fragen, ob der ganze Aufwand überhaupt lohnte: Bei oftmals drei Stunden Hin- und Rückfahrt und vier bis fünf Stunden Fußmarsch hatte man so viel Kalorien verpulvert, daß die »Beute« von vielleicht 15, 20 Pfund Kartoffeln zu gering bemessen war. Doch täglich versuchten es wieder Tausende und aber Tausende.

98

27

99

Schalter 4
Fahrkarten für sämtliche
D-und Eilzüge
Schalter 6
Fahrkarten für
Pz 902 nach Halle S

100

101

Die Bahnhöfe waren in dieser Zeit nicht nur Start- und Zielpunkt für Reisen, sondern lockender Sammelplatz für all jene, die kein Dach über dem Kopf hatten und ein wenig Licht, Wärme und Nahrung suchten. Hier bekam man wenigstens eine dünne Suppe vom Roten Kreuz, konnte verweilen oder sich einfach niederlassen und ein paar Stunden vor dem allgemeinen Elend die Augen verschließen. Berühmt-berüchtigt der Bahnhofsbunker von Hannover (99), in dem sich auch gern lichtscheue Elemente vor den Razzien verbargen.

Die ehedem großen Drehscheiben des Verkehrs waren zu Umschlagplätzen menschlicher Not verkommen. Der fast total zerstörte Anhalter Bahnhof von Berlin (100) ist auf das Niveau einer Provinzstation heruntergesackt, zehn bis zwölf Stunden vor Wiedereröffnung der Schalter reiht man sich geduldig in die hockende, sitzende Schlange der Wartenden und Schlafenden. Was vielen bleibt, ist Hoffnungslosigkeit – die Aussichten auf eine Verbesserung der Situation sind praktisch null (101).

102

Neben der Ernährungskrise bringt der harte Winter 1946/47 vor allem große Probleme in der Versorgung mit Hausbrand. Jedes Kilogramm Kohle wurde für die spärliche Stromversorgung außerhalb der üblichen Stromsperren benötigt – für den privaten Verbrauch blieb da nichts übrig.

103

104

»Klau was du kriegen kannst« war die Parole, denn jeder wollte es wenigstens für ein paar Stunden am Tage warm haben. In den Städten waren die Kohlentransporte streng bewacht, hier war die Ausbeute auch recht mager (103). Lohnender war der Kohlenklau an den Bahndämmen, an denen die langen Züge ohne ausreichende Wachmannschaften herumstanden (102, 104). Allein in Köln sollen auf diese Weise täglich rund 9000 Tonnen Briketts unter die Leute gekommen sein, und die waren zufrieden. Schließlich hatten höchste kirchliche Stellen solches Tun legitimiert: »Man kann es dem einzelnen nicht verwehren, das Dringendste zur Erhaltung von Leben und Gesundheit zu nehmen, wenn er es durch Arbeit oder Bitten nicht erhält« – so hatte es Kardinal Frings in seiner Silvesterbotschaft 1946 verkündet. Seither nannte man den Kohlenklau »fringsen«.

Frauen und Kinder arbeiten hier an vorderster Front. Die Männer sind in Gefangenschaft oder halten sich geschickt im Hintergrund, denn die Strafen für Diebstähle sind abschreckend hoch und Kinder und Frauen werden geschont. Da drückt so mancher Wachmann einmal ein Auge zu. Was einst der Mundraub, war jetzt der Heizungsklau. Allein in Hamburg sind im Januar 1947 von 9200 Diebstahlsdelikten über die Hälfte Kohlendiebstähle.

105

Doch es trifft nicht nur die Züge – selbst vor den Zechentoren warten verzweifelte Menschen auf die beladenen Lastwagen, um sich sofort darauf zu stürzen (106).

Weniger ergiebig war das legitime Beschaffen von Heizmaterial: Wer in der noch dampfenden Schlacke nach verwertbaren Kohlestückchen suchte (105) oder die Bahngleiskörper nach heruntergefallenen Brocken abgrub (107), erhielt oftmals gerade einen halben Eimer voll – gut genug für eine Stunde Wärme und Illusion . . .

106

107

Der Nachfrage nach Brennholz wurden ganze Alleen und Stadtwälder geopfert – einst der Stolz so mancher Kommune. Wie hier im Berliner Tiergarten – ehemals elegantes Wohngebiet und Sitz pompöser Residenzen und Botschaften – wird vielfach das Abholzen freigegeben (108), der jahrzehntealte Baumbestand wird bis auf den kleinsten Splitter weggeschafft (109).

110

111

Das »Stoppeln« war für viele Familien oftmals die letzte Lösung des Ernährungsproblems. Ganze Kolonien ungeübter Städter stürzten sich nach dem offiziellen Abernten auf die Getreidefelder (111) und suchten nach den wenigen übriggebliebenen Ähren. Das gleiche Bild nach der Kartoffelernte, als man mit Harken und Hacken auf die Suche nach den begehrten Erdäpfeln ging (110).

112

Frauen und Kinder sind immer wieder die Leidtragenden jener Tage. Sie schleppen viel zu schwere Lasten: Geklautes Holz für den Hausbrand (112), Heu und Stroh für den stillen Hausgenossen, der beizeiten gemästet wird, um eines Tages im Kochtopf zu landen (113).

113

114

Dieses Bild ist 1946 selten geworden: Eine vollständige Familie kann hier gemeinsam für das Überleben sorgen. Das Holz mußte auf primitiven Handkarren oft über Kilometer hinweg herangeschafft werden (114), und jede Hand war nötig. Wer mitten in der Stadt wohnte, war meist einen ganzen Tag unterwegs, um einen Handwagen voll Holz zu ergattern. Die größten Wege machte man zweifellos in Berlin – vom Brandenburger Tor an die Peripherie der Stadt war es allein ein Tagesmarsch (115). Der Rückweg war trotz guter Ausbeute eine Tortur. Ausgepowert erreichte man die Stadt, die stellenweise nur noch einer anonymen Anhäufung von Trümmern glich.

VII. Gelegenheit macht Diebe

»Der vierzehnjährige Franz D. stiehlt Kohlen auf dem Altonaer Bahnhof in Hamburg und verschiebt sie mit einem ›organisierten‹ Dreiradwagen. Als man ihn verhaftet, trägt er 23 000 Mark bei sich. Er ist ein gern gesehener Gast in Schwarzmarktkneipen. Seine Mutter, die in ärmlichsten Verhältnissen lebt, fällt aus allen Wolken, als die Polizei kommt. Sie wußte nichts vom Treiben ihres Sohnes.« Ein Schicksal von jenen mehr als 100 000 Jugendlichen, die in diesen Tagen durch Deutschland vagabundieren – ohne zu wissen, wo die Familie geblieben ist. Die Eltern waren im Bombenhagel der letzten Tage ums Leben gekommen, das Chaos der Flucht aus dem Osten hatte sie auseinandergerissen, die Väter gefallen oder in Gefangenschaft, die Mütter oft nicht in der Lage, sich um die Kinder zu kümmern, weil sie das Nötigste zum Überleben beschaffen mußten.
Allein in der britischen Zone schätzt man die Zahl der vagabundierenden Jugendlichen auf 40 000, darunter 15 000 Mädchen – 80 Prozent davon geschlechtskrank. Sie rotten sich zusammen, um gemeinsam besser überleben zu können, suchen die Wärme und Geborgenheit der Gemeinschaft, aus der sie ohne eigenes Zutun verstoßen wurden.
Die Geschichte der Münchner »Panther«-Bande spricht Bände: Nach den Luftangriffen von 1943 werden die Schüler einer Volksschule evakuiert und schließen sich im Lager zu Gruppen zusammen, um sich gegenseitig das bessere Essen und den günstigeren Schlafplatz abzujagen. Als sie gegen Ende des Krieges zu Flakhelfern ausgebildet werden, bleiben sie zusammen, lernen den Gebrauch der Schußwaffen und kommen in Schulungskursen mit der nationalsozialistischen Ideologie in Kontakt.
Als der Krieg verloren ist, rotten sie sich unter Führung ihres ehemaligen Klassenprimus gegen die »Amis« zusammen, um Zigaretten und Lebensmittel aus den Ver-

sorgungsdepots der Armee zu stehlen. Die Beute gibt Auftrieb: ganze Stangen Camel, Lucky Strike, Milchpulver, Konservendosen, Schokolade . . . Als eine amerikanische Streife sie aufgreift, entwaffnet und zusammenschlägt, schürt das den Haß gegen den ehemaligen Feind noch mehr.

Die Folge: ein noch engeres Zusammenschweißen der Jugendlichen, die sich nun mit Waffen und Munition aus alten Wehrmachtsbeständen versorgen, eine Satzung ausarbeiten, diese mit ihrem eigenen Blut unterschreiben und ab November 1946 planmäßig darangehen, sich ihren Teil aus dem großen Kuchen der Schwarzmarktpfründe zu sichern. Das Ergebnis ihrer Streifzüge: dreifacher Mord, zwei Mordversuche, Raub, Erpressung und gemeiner Diebstahl. Erst 1951 werden die einzelnen Mitglieder der Bande aufgespürt und verurteilt.

Das Schicksal der »Panther«-Bande steht für viele andere, die Ursachen waren immer dieselben: Entwurzelung aus der Familie, Not, das Sich-nicht-wieder-gewöhnen-Können und -Wollen an jene, die sie einst als sinnlose Opfer hinausschickten, um ihnen nach dem Zusammenbruch eine brüchige Moral zu predigen.

Zwei weitere Schicksale, willkürlich aus den Zeitungsberichten des Jahres 1946: »Annemarie G., 18 Jahre alt, lebt mit zwei Brüdern und ihrer Mutter zusammen, der Vater ist seit Stalingrad vermißt. Nach mehrfacher Überschreitung von Sperrstunden werden die häuslichen Verhältnisse überprüft, und es stellt sich heraus, daß an nächtlichen Tanzvergnügungen in der Wohnung zahlreiche deutsche und englische ›Freunde‹ teilnahmen. Anschließend schläft man zusammen im Zimmer des 15jährigen Bruders. Kommentar der Mutter: ›Aber man muß doch den Kindern ein kleines Vergnügen gönnen‹ – das von den Freunden der Tochter mit heißbegehrten Naturalien wie Kaffee, Zigaretten und Schnaps entlohnt wurde.«

Der übersteigerte Egoismus einzelner und das Zusammenbrechen überkommener Moralvorstellungen begünstigten nicht nur diese duldende Haltung Erwachsener gegenüber der Verwahrlosung ihrer Kinder, sondern lassen sogar Anstiftung zu kriminellem Handeln zur Tagesordnung werden: Herbert T. wird als 17jähriger aus dem Volkssturm entlassen und findet Arbeit in einer Keksfabrik. Die Mutter fordert ihn auf, mal »etwas« mitzubringen. Es bleibt nicht beim Keks. Zucker wandert denselben Weg. Täglich fünf Pfund verkauft er auf dem schwarzen Markt für 500 Mark. Das Jugendamt überweist ihn in ein Heim, um ihn dem schädlichen Einfluß der Mutter zu entziehen.

Die Heime sind übervoll in diesen Tagen, es gibt kaum vernünftiges Erziehungspersonal, die allgemeine Not macht sich auch hier breit. Und doch sind die Heime oftmals die letzte Zuflucht, die Rettung vor weiterem Absinken in die Kriminalität. Es gibt Beispiele aufopfernder Erzieher, die mit wenig Unterstützung und mit um so

mehr Enthusiasmus private »Auffanglager« gründen, wo Jugendliche Unterkunft, Verpflegung und Arbeit finden können. Aus den Notizen der Lagerärzte wird deutlich, daß es für viele Betroffene buchstäblich »fünf vor zwölf« war: »Wilfried B., unterernährt, eitriger Grind am ganzen Körper, ohne Hemd, Beinkleider verunreinigt« – »Arne T., ohne Unterwäsche und Schuhe, total verunreinigt, Krätze« – »Friedel F., starkes Untergewicht, verlaust, eingeschrumpfte Gesichtshaut« – »Werner Z., Wasser in Kniegelenken und Knöcheln, Knochen treten skelettartig an Schulter und Brust hervor, verlaust und Krätze.«
Doch nicht nur die Jugendlichen, also 18- bis 20jährige, sind betroffen, sondern Kinder im Alter zwischen 12 und 14 Jahren: Während eines einzigen Monats wurden im Raum Groß-Berlin 280 Kinder im Alter von 8 bis 14 Jahren festgenommen. 199 sind des Diebstahls angeklagt, 23 wegen Einbruchs, die anderen wegen Schwarzhandels und Körperverletzung. In einer norddeutschen Großstadt nimmt die Polizei drei 14jährige in Gewahrsam, die 150 Tafeln Schokolade gestohlen hatten und diese nicht etwa als Mundraub für die »Eigenverwendung« verzehrten, sondern – getreu dem Abbild der Erwachsenenwelt – versuchten, die heiße Ware auf dem schwarzen Markt zu verhökern . . .
Ein 16jähriges Mädchen ist ungekrönte Königin einer Bande Jugendlicher – Pistole und Einbruchgeräte waren ihr zum selbstverständlichen Handwerkszeug geworden. Gern wurden Kinder von den Erwachsenen dazu mißbraucht, heiße Ware von einem Ort zum nächsten zu befördern, wohl wissend, daß man sie nicht so scharf kontrollierte wie ihre älteren Komplizen. Und wenn es wirklich gefährlich wurde, etwa beim Überwechseln von der einen Besatzungszone in die andere, konnte man sicher sein, daß die Wachen nicht schossen – schließlich waren es ja »Kinder«.
Doch wie den Übeln abhelfen, wenn kaum jemand sich verantwortlich fühlte und fast allen das eigene Hemd am nächsten war? Namentlich in den Großstädten mit ihren kaum zu kontrollierenden schwarzen Märkten und den wieder aufkeimenden Amüsiervierteln, war die Lage zuweilen hoffnungslos. Hinzu kam die Vergnügungssucht einer Generation, die nie gelernt hatte, in Ruhe zu genießen, und sich mit aller Kraft in ein Treiben stürzte, das sie »Leben« nannte. Angeheizt durch die neuen, bis Kriegsende verbotenen anglo-amerikanischen Rhythmen hatten die aus dem Boden schießenden Tanzetablissements Hochkonjunktur. Verständnislosen Erwachsenen blieben nur inhaltsleere Appelle zum Maßhalten:
»Mit Beendigung des Krieges scheinen alle sittlichen Bande gelöst zu sein. Die Tanzwut hat unsere Jugend erfaßt, und die Elternschaft steht tatenlos beiseite. Eine unvorstellbare Verseuchung unserer Jugend ist heute bereits festzustellen. Ein geradezu ungeheuerlich anmutender Prozentsatz von Jugendlichen unter 18 Jahren ist geschlechtskrank. Eltern und Erzieher,

ihr seid verantwortlich für Leben und Gesundheit eurer Kinder! Schreitet mit aller Macht gegen das Treiben auf den Tanzböden ein! Ermahnt eure Kinder immer wieder, nicht für ein Brot oder eine Zigarette Leib und Gesundheit zu verkaufen. Jungen und Mädel! Denkt daran, daß euer ganzes Leben auf dem Spiel steht. Denkt daran, daß auch ihr verantwortlich seid für den Aufbau unseres Vaterlandes. Sucht euer Vergnügen nicht auf Tanzböden, sondern in Jugendgruppen, die nur euer Bestes wollen« (aus dem Aufruf eines Kirchenvorstandes 1946).

117

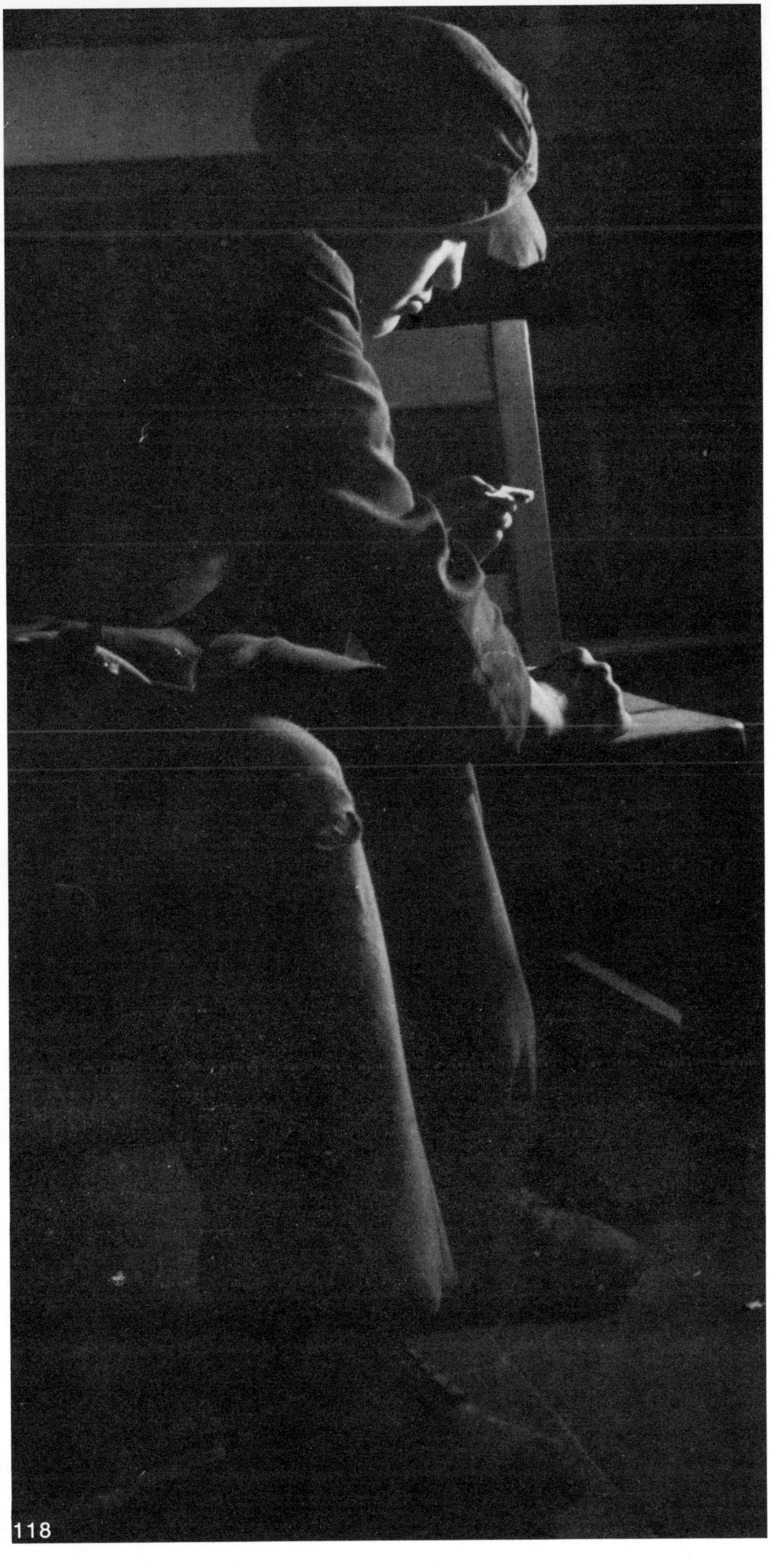

118

119

Ein Problem dieser Jahre bekam niemand in den Griff – die Jugendverwahrlosung. Mehr als 100 000 Jugendliche vagabundierten durch Deutschland, ohne zu wissen, was eine Familie ist, wo sie Halt finden könnten. Die Eltern im Bombenhagel ums Leben gekommen, durch das Chaos der Flucht aus dem Osten auseinandergerissen, die Väter gefallen oder in Gefangenschaft, die Mütter oft nicht in der Lage, sich um die Kinder zu kümmern, weil sie das Nötigste zum Überleben beschaffen mußten – das war das Los jener Kinder, die sich allein durchschlugen.
Sie verdingen sich als Lastenträger (116), liegen auf der Lauer, um eine gute Partie auszukundschaften (117), kehren durch das Rauchen bewußt ihre Männlichkeit und das Erwachsensein heraus, und bleiben dabei doch Kinder (118, 119).

Vielfach werden sie von den Erwachsenen dazu mißbraucht, heiße Ware von einem Ort zum anderen zu befördern, sie werden nämlich nicht so scharf kontrolliert wie ihre älteren »Kollegen«, die bei diesen Transaktionen gern im Hintergrund bleiben, dafür aber hinterher die großen Gewinne kassieren. Eine Ladung geklauter Kohle am hellichten Tag vor den Zechentoren auf dem Fahrrad spazierenzuführen, war schoh recht dreist (120) – es war Mutprobe, Abenteuer und Lebensunterhalt zugleich.

122

Nur wenig älter waren die Mädchen, die sich im Tauschgeschäft »Liebe gegen Ware« verdingen mußten – die wenigsten machten es freiwillig, denn hier ging es meist um die nackte Existenz. Wo Corned beef, Kaffee und Zigaretten gleich eimerweise angeboten wurden, galt die Moral nicht mehr viel (121). Wer das Glück hatte, zu den Clubs der Amerikaner, Briten und Franzosen Zutritt zu finden, nahm die Gelegenheit beim Schopf: Hier konnte man sich für Stunden in eine Scheinwelt ohne Lebensmittelkarten, Bezugsscheine und Stromsperren flüchten (122, 123). Wer genau hinsah, erkannte den Zwiespalt: Von den Mitbürgern halb neidisch als Flittchen tituliert, für die Betroffenen aber oft die einzige Möglichkeit, sich durchzuschlagen (124).

123

VIII. Der Mensch lebt nicht vom Brot allein

War die materielle Not auch noch so groß – das Vergnügen sollte nicht zu kurz kommen, denn man wollte vergessen, was sonst das tägliche Leben beherrschte.
In den Ruinen der traditionellen Vergnügungsviertel keimte am ehesten neues Leben. Hamburgs sündige Meile, die Reeperbahn zwischen Millerntor und Großer Freiheit, war zwar mehr als zur Hälfte zerstört, doch tat dies dem Leben in den übrigen Kneipen und Kaschemmen keinen Abbruch.
Im Gegenteil. Hier ist der ideale Treffpunkt für den Schiebertyp jener Zeit. Heiße Ware wechselt den Besitzer schneller, als der Polizei-Lockspitzel schauen kann, und Brillanten und Diamanten aus ehemals gut betuchten Familien werden gegen hohe Summen Mark getauscht – eingewickelt in schnödes Zeitungspapier. Jugendliche und Kinder versehen Kurier- und Agentendienste und führen den Hehlern und Schwarzhändlern geeignete Kunden zu. Sie verdienen gute Provisionen dabei und gehen mit ihrem Geld außerordentlich großzügig um – schließlich kostet die Flasche gepanschter Wein um die 100 Mark, Schnaps der schlechtesten Sorte ist nicht unter 200 Mark zu haben.
Doch abseits der Kaschemmen lebt man nicht gar so üppig – denn wer hat schon soviel Geld, um sich einen »anständigen« Rausch aus Markenware mit Vorkriegsqualität zu finanzieren? Otto Normalverbraucher hält sich da schon eher an das Dünnbier, auch »Hopfenbrause« genannt. Der Stammwürzegehalt war auf ein Zehntel des ursprünglichen Wertes herabgesetzt

worden, und das normale, kräftige Bier blieb weiterhin für das Ausland reserviert – man brauchte Devisen.
So exportierten die Münchner Brauereien in einem Nachkriegsjahr allein 60 000 Hektoliter nach Belgien, 33 000 in die Schweiz, 30 000 nach Amerika und 2000 Kisten Flaschenbier an den abessinischen Kaiserhof. Doch fürs Münchner Frühlingsfest bleibt nichts übrig – den bierverwöhnten Bayern wird das köstliche Naß mit der Begründung verweigert, es sei unmoralisch, in den schweren Zeiten Bier auf der Grundlage von Brotgetreide zu brauen. Doch der Ausweg kündigt sich damit bereits an: Mit dem Segen der Militärregierung sollten für eineinhalb Liter Dünnbier Brotmarken im Wert von 50 Gramm abgegeben werden – man war zufrieden, nicht aus Einsicht, sondern aus Notwendigkeit.
Wer nach der Devise lebte: »Ehrlich währt am längsten« kam eben nicht weit. »Ehrlich zehrt am schnellsten« war da schon realistischer, und über die daraus resultierende Moral wurde nicht viel hergemacht. Doch die Auswüchse lagen ebenso auf der Hand – nur wer möglichst viel über den schwarzen Markt organisierte und verschob, konnte sich auch sein Vergnügen leisten, und was für eins!
Nicht einmal zwei Jahre nach der Kapitulation hatten sich in den vom Krieg kaum betroffenen Badeorten Timmendorf, Niendorf, Scharbeutz und Westerland auf Sylt Verhältnisse etabliert, die jeglicher Beschreibung spotteten. Luxusbetriebe mit Damast und Seidenbezügen an den Wänden und allem Komfort bewirteten erfolgreiche »Kaufleute« auf exquisiten Ledergarnituren – die Preise spielten dabei fast keine Rolle.
Wer hat, der hat und darf es hier auch zeigen: Da gibt es das seriös-protzig gekleidete Paar, das von einer Unmenge Eiern stets nur das Gelbe ißt, den Herrn mit goldenen Ringen an den Händen und einer in Brillanten eingefaßten goldenen Uhr. In den Speisesälen der großen Hotels stehen Butter, Ei, Marmelade, Wurst und Corned Beef wie selbstverständlich auf dem Tisch, getrunken wird Bohnenkaffee und Tee. Schneeweiß sind Weißbrot und Brötchen – die Marken dafür schwarz. Jeder bereichert sich an jedem, und solange dieser Kreislauf die Wünsche zufriedenstellt, passiert nichts. In zwei Wochen bald 150 000 Mark zu verdienen, ist für manchen Hotelier nichts Ungewöhnliches, denn für eine gute Partie Wein bezahlt er schließlich auch 75 000 Mark, und das Pfund Tee ist nicht unter 800 Mark zu haben.
Gebote für ein Zimmer in Höhe von 50 Pfund Zucker oder 10 Pfund Bohnenkaffee regen niemanden auf – zuzüglich dem »normalen« Übernachtungspreis. Wer in diesen Tagen für zwei Wochen 300 Mark in der Tasche hat, reist am besten mit dem Abendzug wieder nach Haus, denn ein Diner ohne Marken kostet auf Borkum 220 Mark. Auf Norderney ist man

gar so hart und läßt den Gast für 20 Mark in einer Kuhstallecke schlafen, mit eigener Decke.
Ansonsten verläuft der Betrieb aber normal: Die Spielcasinos sind übervoll wie in besten Friedenszeiten, und vom Gewinn werden Abend für Abend 1500 Mark für Flüchtlinge, Kriegerwitwen und Waisenkinder zurückgelegt. Man ist mildtätig gestimmt. Die Insellokale sind zum Bersten gefüllt. Das Milieu ist stark auf Erotik zugeschnitten, Kapellen von bis zu 25 Mann sind keine Seltenheit. Auf den Tischen Sekt- und Schnapsgläser, unter den Tischen die dazugehörigen Flaschen. Die Flasche Eierlikör ist auf Borkum schon für 450 Mark zu haben. Im Trocadero auf Sylt bekommt man für 50 Mark mehr nur schlechten Rübenschnaps. Wenn man dann genügend angeheitert ist, passiert es schon einmal, daß die Damen um 2 Uhr die Röcke schürzen und sich um 3 Uhr noch einmal am Strand tummeln – natürlich ohne Badekostüm. Wen wundern solche Verhältnisse, wenn in den Kurorten Männer Mangelware sind – 1 : 18 ist die Relation. Ein Eldorado.
Doch was Sylt und Norderney halten, gilt noch lange nicht für Borkum, wo man in Muschelkostümen und Binsenröckchen harmloseren Vergnügungen nachgeht. Jedem das Seine – sofern er es sich leisten kann.
Dem ganzen Spuk wird schließlich im August 1947 ein Ende gesetzt, als eine systematische Razzia von deutscher Polizei und britischem Militär dem großen Tamtam ein Ende setzt. Man fand ganze Wagenladungen Wein und Schnaps, kistenweise Zigarren, Stangen von Zigaretten, Koffer voller Speckseiten. Die Gerechtigkeit traf jeden, am härtesten natürlich den kleinen Mann: Ihm wurde auch die letzte Flasche Apfelmost und das Päckchen Sacharin abgenommen – gegen Quittung, versteht sich.
Verlief der Sommer für viele schon recht angenehm, so brachten der folgende Herbst und Winter für die Anhänger von Fasching und Karneval viel närrisches Treiben. Und als am Aschermittwoch zwischen Rheingau und Pfalz die Kehrfrauen den Besen schwangen, wurde behauptet, es sei mehr getrunken und gesungen worden als jemals zu Friedenszeiten. Zwar hatten die »Ernährungsbürokraten« auf den Ämtern nicht mehr als vier Zehntel Liter »Feuchtigkeit« pro Person herausgerückt, aber auf dem Nachhauseweg hörte man die Leute nicht selten singen und lachen, und manche lebende Leiche eines sonst »normalen« Normalverbrauchers hing an den Laternenpfählen.
In München feierte man auf dem Höhepunkt der Festivitäten 10 Tage lang in rund 1200 Hotels, Gaststätten und privaten Klubs – man wußte, daß ab März des kommenden Jahres auf Befehl der amerikanischen Besatzungsmacht die Brauereien schließen, und wollte ein letztesmal in Dünn- und Vollbier schwelgen. Zwar hatte die Stadtverwaltung den Konsum von

mitgebrachten alkoholischen Getränken untersagt, doch nach einem sechs Tage währenden Streik der Münchner Wirte drückte man ein Auge zu, wenn die Gäste Wein- und Schnapsflaschen aus den Manteltaschen zogen.
Über 100 neue Karnevals- und Faschingslieder wurden komponiert und gesungen, der rheinische Humor feierte fröhliche Urständ, sogar die Militärregierung drückte ein Auge zu, wenn es um die Narrenfreiheit ging. So durfte in den rheinischen Zeitungen folgender Witz abgedruckt werden: Tünnes: »Ich habe noch 100 Mark auf der Kasse.« Scheel: »Die sind sicher, dafür steht dir die Stadt.« Tünnes: »Und wenn die Stadt pleite macht?« Scheel: »Dann ist noch das Land und die Militärregierung da.« Tünnes: »Und wenn die Militärregierung geht?« Scheel: »Aber Tünnes, wäre dir das denn keine 100 Mark wert?«
Teure Kostüme waren nicht an der Tagesordnung – Phantasie und Witz waren Trumpf. Aus Zellwolle und Stopfgarn zauberte man allerlei Auffälliges für die Schwabinger Atelierfeste, bei denen der Eintritt bis zu 500 Mark kostete – dafür konnte man dann auch den ganzen Abend essen und trinken, was und soviel man wollte.
Wer das Geld dafür nicht übrig hatte, organisierte seine private Feier mit Selbstgebrautem – die Stimmung ging hoch, doch die Ernüchterung war um so schmerzlicher, denn der Fusel konnte noch Tage hinterher seine Wirkung zeigen. Am lautesten und üppigsten ging es natürlich in den Clubs der Amerikaner, Engländer und Franzosen zu. Hier konnte man sich für Stunden in eine Scheinwelt ohne Lebensmittelkarten, Bezugsscheine und Stromsperren flüchten. Die Mädchen waren hier im Vorteil: Das Tauschgeschäft »Liebe gegen Ware« galt kaum noch als anrüchig, wenn es um die nackte Existenz ging.
Ein Ausflug in die Ami-Welt brachte all das ein, von dem viele nur träumen konnten: Zigaretten und Kaffee, Corned Beef und Whiskey. Mit diesen Coca-Cola- und Camel-Geschäften ließen sich manchmal ganze Familien durchbringen, Eltern ermunterten ihre Töchter zum Anbändeln, denn das war die einzige »Erwerbsquelle«. Das Verbot der »Fraternization« konnte von den alliierten Militärbehörden nur für einen kurzen Zeitraum unmittelbar nach der Kapitulation durchgesetzt werden – danach brachen alle Dämme. Jährlich gingen Tausende deutscher Mädchen eine Ehe mit Soldaten ein – Amerika, zuweilen auch England, war das große Ziel.
Verachtet und doch beneidet – das war das deutsche »Fräulein« mit ihrem Freund. Von den Mitbürgern verächtlich als Ami-Flittchen tituliert – für die Betroffenen oft die einzige Möglichkeit, sich durchzuschlagen.
Die Nebenfolgen lagen auf der Hand: Eine kaum zu kontrollierende Ausbreitung

von Geschlechtskrankheiten und Jugendprostitution. Allein in München wurden in einem Vierteljahr annähernd 1600 Mädchen wegen Verdachts der Prostitution und der Verbreitung von Geschlechtskrankheiten festgenommen, und dies war nur die Spitze eines Eisbergs.

Der Preis für ein paar Stunden des Glücks und ein paar Tage Sattsein war unmenschlich hoch.

Ein eher harmloses Vergnügen bereitete in dieser Zeit der Besuch von Hollywood-Filmen, die man über 12 Jahre entbehrt hatte. Die Sentimentalität der Scheinwelt war ein Fluchtpunkt für viele – die Armseligkeit des Alltagslebens konnte man für zwei Stunden vergessen. Der deutsche Film hingegen hatte mit Alltagsproblemen zu kämpfen: Die berühmte »Berliner Ballade« schuf mit einem gertenschlanken Gert Fröbe die unvergessene Figur des »Otto Normalverbraucher«. Gert Fröbe erhielt mit dieser Rolle die Chance seines Lebens. Ein vom Film unverschlissener, der auf den Brettl-Bühnen Morgenstern und Ringelnatz rezitiert hatte und nun mit seinen 1,85 Metern, 135 Pfund leicht, rothaarig, stark sächselnd, jene Figur kreierte, die noch heute in aller Munde ist.

Der wohl berühmteste Regisseur der Nachkriegszeit, Helmut Käutner, drehte in nur 10 Monaten »In jenen Tagen« – den 12jährigen Lebenslauf eines Autos. Der wurde bereits im Juni 1947 in Hamburg uraufgeführt und unter Umständen gedreht, die früher jeder Filmmann für unmöglich erklärt hätte. Es gab weder ein Studio noch eine einigermaßen heile Kulisse für Außenaufnahmen. Die Devise hieß Improvisation, und die technische Beschränkung zwang zur Gewinnung neuer künstlerischer Mittel und Kameratricks.

Der erste deutsche Nachkriegsfilm lief in Berlin an und war von der »Defa« hergestellt worden: »Die Mörder sind unter uns«, mit Hildegard Knef, Regie: Wolfgang Staudte. Abgesehen von einer recht frühen Lizenzerteilung in der Ostzone konnte die Defa auf die zu 75 Prozent unzerstörten Ateliers in Berlin-Babelsberg zurückgreifen, und die Rohfilmproduktion in Wolfen war bereits wieder angelaufen. Der einzige Filmhersteller in den Westzonen, »Agfa« in Leverkusen, hatte von den Briten noch keine Arbeitserlaubnis erhalten, und so hing man im Westen ein wenig hinter der Entwicklung her. Doch das Bedürfnis nach guter Unterhaltung war groß – weniger nach den diversen Trümmer-, Heimkehrer-, Antinazi- und »ehrlichen« Aufbaufilmen, sondern nach Stücken, in denen man einmal herzhaft lachen konnte, in denen man sich lustig machte über die Zustände der Zeit und die Menschen mit all ihren Schrullen und Schwächen.

»Film ohne Titel«, mit Hans Söhnker und Hildegard Knef in den Hauptrollen, entsprach genau den Vorstellungen des Publikums: kein verkniffener Ernst, sondern ein mit Verve in Szene gesetzter (Helmut

Käutner), souverän leichter und heiterer Film, mit Dutzenden parodistischer Einfälle (Werner Finck). Im übrigen bekam hier jeder etwas ab, und die Probleme der Zeit blieben nicht links liegen: die Bauern und Flüchtlinge, Schwarzhändler und Alliierte, die zuweilen bedenkenlose Nachkriegsgeneration.
Auch König Fußball faszinierte bald wieder die Massen. Es wurde freilich nicht immer um Plätze und Punkte gekämpft, sondern für Kirschen und Kirsch, Zwetschgen und Zwetschgenwasser, Tabak und Wein. Noch wertvoller wurden die Trophäen, wenn der favorisierte Verein eine Niederlage einzustecken bereit war. Der »Spiegel«: »Der Privatdetektiv Tatarek hatte 15 Paar Fußballschuhe, ferner 100 Zigaretten, eine Flasche Schnaps und 500 Mark für jeden Fußballspieler zu bieten, falls Hannover 96 in Holzminden verlieren würde.« Ein vorweggenommener Bundesligaskandal! Bekannte Spieler wurden mit der Zusage auf Wohnung, Anstellung und laufende Verpflegung von einem Verein zum anderen abgeworben. Da hat sich im Grunde nichts geändert. Nur heute heißt das anders: Handgeld, Ablösesumme oder Transfer.
Im August 1946 kommt es zum Titelkampf um die deutsche Schwergewichtsmeisterschaft zwischen Walter Neusel und Hein ten Hoff. Auch Exweltmeister Max Schmeling geht wieder in den Ring. Nach achtjähriger Pause. Lautlos verharrt die Menge. 18 000, ausverkauft. Aber die Meinung nach acht Runden Sparringskampf ist einhellig: »Maxe wieder da – aber kein Comeback« und: »Wenn du Geld brauchst, Maxe, will ich dir gern ein paar Mille schenken.«
Mit von der Partie ist auch Gottfried von Cramm. Er gewinnt im September 1946 die Bayerische Tennismeisterschaft. Weißer Sport in schwarzer Zeit.

Tanz
Cabaret
Remdes
St Pauli

126

In den Ruinen der Vergnügungsviertel keimte am ehesten neues Leben, oder was man damals so »Leben« nannte. Der »American way of life« kündigte sich bereits überall an – das vielversprechende Papp-Girl wird dem Fremden schon den richtigen Weg ins »Tanz Cabaret« am Berliner Kurfürstendamm weisen (125).

Die »echte« Hamburger Reeperbahn bietet eher harmlose Vergnügen: Armbrustschießen auf Papierblumen und Plüschtiere. Luftgewehre waren ein Jahr nach der Kapitulation noch verboten (127). Auch der traditions-

127

reiche Hamburger Dom eröffnete bereits im November 1946 erstmals wieder seine Pforten – Flitter und Glanz bereiteten vielen ein paar sorglose Stunden (126) – rings umher lag die Stadt in Schutt und Asche.

128

12

Die Kontraste in den Großstädten waren unüberbrückbar: Draußen fegte ein eiskalter Wind durch die Trümmerwüsten, drinnen amüsierte man sich »auf Teufel komm raus« – Bilder aus dem Frühjahr 1947. Wer es nicht miterlebt hat, kann es auch kaum nachvollziehen. Der Photograph zur Aufnahme vom Hamburger Künstlerfest Li-La-Lerchenfeld (128): »Die Luft schien mit Starkstrom geladen, die Menschen versuchten, alles was sie bedrückte, durch überdrehte Amüsierwut loszuwerden, abzustoßen.«
Andernorts ging es zwar verkrampfter zu, doch man war selig, dem allgemeinen Elend für ein paar Stunden entronnen zu sein: Im Schein der reflektierenden Kristallkugeln wird der Amüsierbedarf mehrerer Jahre nachgeholt (129). Wer konnte, sicherte sich einen Platz in einem der zahlreich aus dem Boden schießenden Tanzpaläste. Man nahm mit ein paar Glas Dünnbier oder einer Tasse Kaffee-Ersatz gern vorlieb, wenn nur die Einmann-Kapelle spielte (130).

131

Leben regte sich überall und man nahm es nicht so genau: Nur ein knappes Vierteljahr nach der Kapitulation sitzen alliierte Soldaten und deutsche Zivilisten in der »Ronny-Bar« am Kurfürstendamm friedlich beieinander (131). Weniger fein, doch umso ausgelassener feiert man im Herbst 1946 im Berliner Wedding auf einem Hinterhof das Erntedankfest (133). In »Behrens Casino« dient der gleiche Saal verschiedenen Zwecken: Hier werden Gottesdienste und Tanzveranstaltungen abgehalten (132). Daß hier Frauen mit Frauen tanzen – daran hat niemand etwas auszusetzen.

132

Bilder, die man nicht vergleichen kann: Beschauliches, geruhsames, sonntägliches Treiben im Kaffeegarten am Elbufer von Hamburg-Blankenese im Spätsommer 1946 (134) – Menschentrauben in den Trümmern des Berliner Gendarmenmarktes lauschen dem ersten Konzert des Alexanderchores (135).
Wer diese Stadt damals sah, wagte kaum noch zu hoffen: Dresden, das »Elb-Florenz«, liegt zerbombt und ausgebrannt darnieder, und doch sind Zeichen eines Neubeginns vorhanden. Der berühmte Kreuzchor gibt inmitten der Trümmer der ausgebrannten Kreuzkirche sein erstes Konzert (136).
Ein Vergnügen ganz anderer Art boten die ersten Varietés – eine heute fast ausgestorbene Gattung von Amüsierbetrieben. Artistik, Gesang, Parodie, Dressur – all das wurde auf meist winzigen Bühnen einem staunenden Publikum geboten, während sich draußen unentwegt die Ströme der Entwurzelten durch die Trümmer schoben (137).

135

136

138

139

140

Der Film jener Jahre versuchte sich zunächst an einer Aufarbeitung der Vergangenheit: Wolfgang Staudte drehte mit Hildegard Knef den Anti-Nazi-Streifen »Die Mörder sind unter uns« (139), Helmut Käutner drehte unter haarsträubenden Umständen den Streifen »In jenen Tagen«, der zwölfjährige Lebenslauf eines Autos (138). Im Dezember 1947 stehen bei strömendem Regen enthusiastische Kinogängerinnen vor dem »Astor« am Kurfürstendamm, um den Film über die Hochzeit der englischen Thronfolgerin zu sehen (140) – die Jugend sucht derweil beim Boogie-Woogie Vergessen: Man tobt sich aus, trägt Ringelsocken und »eindeutige« Krawatten, man tanzt nicht mehr, sondern »kämpft« auf dem Tanzboden (141).

IX. Das geplante Wunder

Nur sechs Deutsche wußten, was im Keller der Reichsbank von Frankfurt eingelagert worden war: DM, made in USA. Aber trotzdem war es durchgesickert: Die alte Reichsmark sollte abgeschafft und durch neues Geld, die DM, ersetzt werden. Ein Run auf alles, was noch für altes Geld zu kaufen war, setzte ein.
Binnen weniger Tage kletterten die Preise auf dem schwarzen Markt in astronomische Höhen. Für Zigaretten wurden bis zu 15 Mark verlangt und bezahlt. Pro Stück!
Die Währungsreform, seit Monaten erwartet, stand unmittelbar bevor.
Am Abend des 18. Juni 1948 teilt der oberste Finanzberater der amerikanischen Regierung, Jack Bennett, der Bevölkerung offiziell über den Rundfunk mit:
»Die neue Währung heißt die Deutsche Mark . . . Jeder wird haushalten müssen, und jeder sollte sich bei seinen Einkäufen ernstlich überlegen, ob die Ware den geforderten Preis auch wirklich wert ist.«
Jeder erhalte, so fuhr Bennett fort, am Sonntag ein Kopfgeld von zunächst 40 Mark. Weitere 20 würden später ausgezahlt.
Schon am Tage zuvor war es durchgesickert: Am Sonntag würde die alte durch die neue Währung abgelöst. Nun raffte, hamsterte und kaufte man alles, was es zu kaufen gab. Besonders auf den Bahnhöfen fanden wahre Schlachten statt, denn die Reichsbahn gab bis zum letzten Augenblick Fahrkarten gegen die alte Währung ab.
Die Friseure arbeiteten rund um die Uhr, um alle Kunden, die sich von dem bald wertlosen Geld noch einmal Dauerwellen legen oder die Haare färben lassen wollten, abfertigen zu können. Vor den Läden und in den Zentren der Großstädte waren Trauben von Menschen zu sehen, die alles einkauften, was ihnen zwischen die Finger kam. Die wenigsten hatten Glück. Eine Hausfrau soll in der Panik der

Stunde einen Karton Torties, ein bewährtes Treibmittel für Tortenböden, erworben haben, dessen Inhalt für die Zubereitung von etwa 2800 Torten gut war.
Schwarzhändler zündeten sich ihre Zigaretten mit 100-Mark-Scheinen an. Der kommende Sonntag, das wußten sie, würde alles ändern. Die Brachialkur der Reichsmark würde der Zigaretten-Zivilisation das Genick brechen und das Ende der Schwarzmarktzeit bedeuten.
Ganz so sicher war man sich indessen aber nicht. Vor allem im Kontrollrat und innerhalb der deutschen politischen Führung. Zunächst gab es Querelen zwischen den Alliierten. Die Amerikaner wollten die Kontrolle über die deutsche Wirtschaft loswerden, sie plädierten für einen freien Markt. Die Briten hingegen meinten, über eine Reform der Währung die Wirtschaft besser kontrollieren zu können. Kurz vorher hatte nämlich die Labour Party die Unterhauswahlen gewonnen, und das bedeutete immer Trend zur Verstaatlichung und zur Kontrolle der Wirtschaft.
Die Sowjets nahmen zunächst eine abwartende Stellung ein. Als es bis zum Herbst 1947 zu keiner Übereinkunft über die Modalitäten gekommen war, entschlossen sich die Amerikaner zu einem Alleingang. Zögernd stimmten Franzosen und Engländer zu. Man war sich der Gefahr bewußt, daß eine getrennte Währungsreform Deutschland unwiderruflich teilen würde.
Am Sonntag früh um 5 Uhr begann die Stunde Null der Deutschen Mark. Die Tresore öffneten sich, und Personenwagen oder Lastwagen brachten das neue Geld zu den Verteilerstellen. Mehrere hundert Meter lange Schlangen bildeten sich schon bald. 60 alte Reichsmark mußten mitgebracht werden. Aber das war nicht der unangenehmste Teil dieser Finanzrevolution: Alles Geld wurde radikal im Verhältnis von 1 : 10 abgewertet. Zehn Reichsmark waren nur noch eine Deutsche Mark wert. Von 100 gesparten Reichsmark blieben zum Schluß noch 6,50 DM übrig. Lebensversicherungen verloren ihren Wert, Staatsanleihen wurden ganz gestrichen. Der Sparer bezahlte die Zeche.
Aber das tollkühne Vabanquespiel gelang. Über Nacht füllten sich wieder die Regale der Läden. Noch Tage vorher war man abgewiesen worden, wenn man nach Gemüse und Obst fragte. Fassungslos standen nun die Menschen vor prall gefüllten Schaufenstern und Ladenregalen, die zum Kauf animierten. Sicher, es gab nicht alles, aber das war geradezu ein Paradies, das man da sah – nach drei Jahren Hunger und Not und nach sechs Jahren Krieg.
Ludwig Erhard, der Vater der Währungsreform und des späteren deutschen Wirtschaftswunders, hatte eigenmächtig sechs Verordnungen über die Bewirtschaftung von Haushaltswaren aufgehoben. Über diese entscheidenden Stunden sagt er später: »Die ganze Bürokratie war sich einig, daß ich mir Unerhörtes erlaubt hatte.

Ich hätte sozusagen auf diesem Gebiet gegen sämtliche alliierten Militärgesetze verstoßen. Alles müsse zurückgenommen werden. Ich sagte: ›Von mir nicht.‹ Im übrigen wollte ich wissen, gegen welche Gesetze ich eigentlich verstoßen hätte. Dann wurde mir vorgelesen, daß ich eben ohne Genehmigung der Militärregierung keine Änderung der Bewirtschaftung und der Preisbindungen vornehmen dürfe. Darauf wagte ich alles und sagte: ›Ich habe nichts verändert, ich habe sie aufgehoben.‹ Ich dachte mir, jetzt hilf, was helfen mag . . .«

Und Erhard hatte das Glück des Tüchtigen. Alles kam so, wie er es vorausgesehen hatte. Das Wunder geschah: Das neue Geld brachte die bislang gehorteten Waren in die Läden. Die Kassen klimperten, die Nachfrage stieg, und die Industrie bekam wieder Aufträge. Der Aufstieg konnte beginnen. Und er begann. Schon wenige Stunden nach der Währungsreform soll es den ersten Millionär gegeben haben. Für viele ein Wunder, denn alle hatten doch mit nur 40 Deutschen Mark angefangen. Aber so ganz stimmte das mit den gleichen Chancen für alle selbst damals nicht. Der eine hatte Waren gehortet und konnte dafür gleich harte DM einlösen, der andere noch Honorarforderungen, die er sich nun in der neuen Währung auszahlen lassen konnte.

So erhielt Gert Fröbe nach der Reform 12 000 Mark Gage für seine Rolle als »Otto Normalverbraucher«. Damals ein Vermögen! Prassen durfte er aber nicht, denn er mußte noch ganze sieben Monate auf seine Figur achten. 116 Pfund und kein Gramm mehr, lautete die Order des Regisseurs.

Die meisten gaben ihre 40 Mark für das Allernötigste aus. Für Essen, für Schuhe, für Milch, für Gemüse. Nicht jeder war so beliebt und mutig wie eine junge Frau, die ihren Freund, der für schicke Hüte schwärmte, überraschen wollte – genau 40 DM kostete er.

»Hand in Hand«, so berichtet sie, »schlenderten wir durch eine Gartenstraße, als uns ein heftiges Gewitter überraschte. Wir zogen unsere Schuhe aus, um sie zu schonen, und gingen lachend barfuß weiter. Plötzlich wurde mir schlecht. Alles drehte sich, und ich war einer Ohnmacht nahe. ›Du bist ja blutüberströmt!‹ schrie mein Freund. ›Dein Gesicht! Dein Kleid!‹ Und nach einer Schocksekunde rief er: ›Dein Hut wird immer kleiner!‹

Ich griff danach und faßte dort ein klebriges, stinkendes, rotsuppiges Etwas. Mein schöner Hut hatte sich schon am Tage des Kopfgeldes im Gewitterregen unter Entwicklung fürchterlicher Ätherschwaden und literweise roter Farbe in ein Nichts aufgelöst.«

»Es geht alles vorüber, es geht alles vorbei«, sangen die Deutschen. Auch die Zeit des schwarzen Marktes war zu Ende gegangen. Nun drehten sich die Räder der Wirtschaft wieder. Aber sie wurden von

gegensätzlichen Systemen angetrieben – in West und Ost. Fast unbemerkt waren in der Hektik und Not dieser drei Jahre wichtige Entscheidungen über die deutsche Zukunft gefallen. Fast ohne Zutun der Deutschen und oft in ihren Auswirkungen erst sehr viel später erkannt.
Ostdeutschland ist von den Deutschen weitgehend entvölkert. Polen und die Sowjetunion haben Pommern, Schlesien und Ostpreußen besetzt und untereinander aufgeteilt.
Die Ostzone ist ein Satellit Moskaus geworden und wird bis weit in die fünfziger Jahre hinein mit Reparationsleistungen für den Zweiten Weltkrieg büßen müssen.
Westdeutschland wird zum Bollwerk des Westens. Wirtschaft und Militär müssen daher bald wieder intakt sein, damit die Amerikaner ihre Großmachtrolle im kalten Krieg spielen können.
Die Chancen für eine politische und soziale Erneuerung Deutschlands, die nach dem Ende der Hitler-Herrschaft gegeben waren, sind weitgehend vertan. Deutschland ist geteilt in zwei gegensätzliche politische Lager. Die Weichen sind gestellt. Die im Osten werden noch lange unter jenen Jahren zu leiden haben. Die im Westen werden bald das Wirtschaftswunder und die Konsumgesellschaft genießen und damit vergessen, was ihr Leben über Jahre prägte: der schwarze Markt.

MILCH

Am Sonntag, dem 20. Juni 1948, drängen sich überall in den westlichen Besatzungszonen Deutschlands die Menschen in den Innenstädten – lange Schlangen bilden sich vor Schulen, Rathäusern, ausgebombten Kinos sowie Sparkassen und Banken: Der »Tag X« ist da – die Währungsreform bringt Ordnung in das Chaos des schwarzen Marktes, und es heißt ein letztes Mal Schlange stehen (142, 143).
In den Ausgabestellen wurde eine Kopfgeldquote von 40 Deutschen Mark gegen 60 Reichsmark abgegeben – die restlichen 20 DM gab es zwei Monate später. Wer eifrig gespart hatte, war über Nacht ein armer Mann, denn die Guthaben wurden im Verhältnis 1:10 angewertet, von 100 Reichsmark blieben zum Schluß nur 6,50 Deutsche Mark. Vor den Umtauschschaltern war zwar jeder gleich (144, 145, 146), doch wer zu diesem Zeitpunkt Aktien, Grundstücke oder gar Fabriken besaß, brachte einen großen Teil seines Vermögens ungeschoren über die Währungsreform hinweg.

144

145

DIE NEUE ZEITUNG
Währungsreform

147

Über Nacht waren die Schaufenster voll (147) – die Deutschen waren fassungslos, denn die Währungsreform hatte alles in die Auslagen gezaubert, was jahrelang entbehrt werden mußte, vor allem natürlich Fleisch und Butter, Wurst und Fett (148). Und das nach drei Jahren Hunger und Not und nach sechs Jahren Krieg!

148

149

Irgendwie hatte es ja in der Luft gelegen, und wer rechtzeitig für diesen Tag gehortet hatte, konnte jetzt auch etwas bieten. Die Zigaretten-Zivilisation war zu Ende und mit hochwertigen Nahrungsmitteln im Angebot machte man das Geschäft seines Lebens (149).

Die Hundertmarkscheine der Reichsbank waren nur noch Makulatur und für die Kinder willkommenes Spielzeug (150).

X. Anhang

Die vier endgültigen Besatzungszonen in Deutschland

Zeit	Politische Ereignisse, allgemeine	Politische Ereignisse, Westzonen
1945		
8. Mai	0.01 Uhr ruhen die Waffen – bedingungslose Kapitulation. Bilanz des Zweiten Weltkrieges: 170 Millionen Menschen waren unter Waffen; 55 Millionen Tote insgesamt	
23. Mai	Dönitz und Geschäftsführende Reichsregierung gefangengesetzt	
5. Juni	Vier Proklamationen der Besatzungsmächte zur Übernahme der Regierungsgewalt in Deutschland. Deutschland in vier Besatzungszonen aufgeteilt, verwaltet vom Alliierten Kontrollrat in Berlin. Berlin in vier Sektoren aufgeteilt, verwaltet von Interalliierter Behörde, bestehend aus vier Stadtkommandanten	
10. Juni		
14. Juni	Beginn der Ausweisung der Sudetendeutschen	
1. Juli	Westmächte ziehen ihre Truppen in die vereinbarten Besatzungszonen zurück, besetzen Westsektoren von Berlin	
7. Juli		Frankreich übernimmt Verwaltung des Saargebietes
17. Juli bis 2. August	Potsdamer Konferenz	
30. Juli	Konstituierende Sitzung des Kontrollrats in Berlin	
August bis September		Gründungen von Parteien und Gewerkschafte es entstehen: CDU/CSU, FDP, KPD, SPD, Zentr
10. September		
11. September bis 2. Oktober	Außenminister-Tagung in London über Deutschland-Frage	
25. September		Beginn der Demontage von Industriewerken. Direktive: Kein neues deutsches Wirtschaftspotential. Patente beschlagnahmt
18. Oktober	Internationales Militärgericht beginnt in Berlin mit Prozeß gegen 24 deutsche Hauptkriegsverbrecher. Ab 20. November in Nürnberg	
20./21. Dezember		Konferenz des ZK der KP und des Zentralausschusses der SPD. Schumacher gegen Vereinigung beider Parteien
1946		
21. bis 29. Januar		US-Zone: Gemeindewahlen in Bayern, Württe berg-Baden, Hessen. Erste freie Wahlen in Deutschland seit 13 Jahren
19. Februar		Ostgebiete: Großbritannien und Polen schließ Abkommen zur Übersiedlung von 1,5 Millione Deutschen in die britische Zone
5. März	Churchill warnt in Fulton, USA, erstmals öffentlich vor kommunistischer Gefahr	
26. März	Kontrollrat verkündet Industrieplan für Deutschland: Verminderung der Industrie auf 50 bis 55 % der Vorkriegszeit. Verboten: Kriegsindustrie, Schiffs- und Flugzeugbau, Einschränkung Stahlproduktion, Maschinen, Elektrogeräte. Demontage verbotener Industrieanlagen als Reparationen	
21./22. April		
25. April bis 15. Mai	Zweite Außenministertagung in Paris. Keine Einigung über gemeinsame Besatzungspolitik	

itische Ereignisse, Sowjetzone	Zeit	Allgemeine Ereignisse/Kultur
montagen sofort nach Besetzung, Sozialisierung r Wirtschaft	12. Mai	In München wird die Verdunklung aufgehoben; sie bestand 2177 Nächte
	15. Mai	Erste Ausgabe der »Täglichen Rundschau«, deutschsprachige Zeitung der Sowjetarmee
	16. Mai	30 Kinos wieder in Betrieb
	26. Mai	Erstes Konzert der Berliner Philharmoniker
	27. Mai	Erste Theater-Aufführung im Renaissance-Theater
	18. Juni	Hochschule für bildende Künste wiedereröffnet
	1. Juli	Wohnungsnot: 15 % des Wohnraums zerstört. Kein Baumaterial
AD erlaubt Gründung antifaschistischer rteien und Gewerkschaften. Es entstehen: KPD, D, CDU, LDP, FDGB wjetische Truppen besetzen Sachsen, Thüringen d westlichen Teil von Mecklenburg		Im Mai 1945 befinden sich in den Westzonen folgende »Displaced Persons«: 1,5 Millionen Russen, 1,2 Millionen Franzosen, 600 000 Polen, 350 000 Italiener, 200 000 Holländer, 200 000 Belgier, 100 000 Jugoslawen, 60 000 Tschechoslowaken, je 10 000 Luxemburger, Griechen, Dänen und Norweger
	8. Juli	München: Erstes Konzert der Münchner Philharmoniker
	4. August	Radiosender AFN Berlin beginnt Sendung von LKW aus
denreform: Gesetze zur entschädigungslosen teignung und Aufteilung des Großgrundbesitzes er 100 ha		Nachrichtenblätter der Militärregierung erscheinen. Flüchtlings- und Vertriebenenstrom aus den Ostgebieten. August: Täglich kommen 25 000 bis 60 000 Flüchtlinge durch Berlin. 59 Auffanglager. Kriegsgefangenenlager Friedland US-Zonen: Fraternisierungsverbot SBZ: Fraternisierungserlaubnis
		Gas und Strom werden knapp, Sperrstunden
	27. September	Berlin: »Der Tagesspiegel« erscheint
	Herbst:	Wiederbeginn des regelmäßigen Schulunterrichts. Die Hälfte aller Schulen zerstört. Schichtunterricht. Schulspeisung
	6. Oktober	München: »Süddeutsche Zeitung« erscheint
	18./19. Oktober	Stuttgarter Schuldbekenntnis der Evangelischen Kirche Deutschlands
	Oktober	Kontrollrat führt Arbeitspflicht für Aufräumarbeiten ein. Trümmerfrauen

	Winter 45/46	Versorgungsdurchschnitt 1500 Kalorien täglich. Strenger Not-Winter Abholzen von Parkanlagen und Wäldern Plündern von Kohlenzügen 3 Zentner Kohle für den ganzen Winter CARE-Paket-Aktion
	6. November	Hamburg: Wiedereröffnung der Universität Köln: Wiedereröffnung der Universität
ereinigungsparteitag von KPD und SPD zur SED	Bis Febr. 1950	Entnazifizierung: Internierungslager für PGs. Fragebogen in US-Zone. Bis Februar 1950 wurden in den Westzonen von deutschen Spruchkammern in 6 Millionen Fällen eingestuft: 1 667 Personen als Hauptschuldige, 23 060 Personen als Belastete, 150 425 Personen als Minderbelastete, 1 005 854 Personen als Mitläufer, 1 213 873 Personen als Entlastete, 4 000 000 Fälle Jugendamnestie

1946

Zeit	Politische Ereignisse, allgemeine	Politische Ereignisse, Westzonen
5. Juni		
18. Juli		Britische Zone: Land Nordrhein-Westfalen gebildet. Später Niedersachsen, Schleswig-Holstein, Stadtstaat Hamburg
30. August		Französische Zone: Land Rheinland-Pfalz gebildet, später Baden-Württemberg/Hohenzollern
6. September		US-Außenminister Byrnes kündigt in Stuttgarter Rede Änderung der Besatzungspolitik der USA
1. Oktober	Urteile im Nürnberger Prozeß	
20. Oktober		Gesamtberliner Wahlen: SPD 48,7 %, CDU 22,2 SED 19,8 %
24. Nov. bis 1. Dezember	US-Zone Landtagswahlen	

1947

Zeit	Politische Ereignisse, allgemeine	Politische Ereignisse, Westzonen
1. Januar	US- und Brit. Zone zur Bi-Zone zusammengeschlossen	
25. Februar	Kontrollrat löst Land Preußen auf	
10. März bis 24. April	Alliierte Außenminister treffen sich zur Konferenz von Moskau: Verhandlungen über deutschen Friedensvertrag scheitern. Keine Einigung über Grenzen Deutschlands, Art und Menge der Reparationen, politische und wirtschaftliche Einheit. Alle Kriegsgefangenen sollen bis Ende 1948 entlassen werden	
20. April		Britische Zone Landtagswahlen
18. Mai		Französische Zone Landtagswahlen
29. Mai		Wirtschaftsverwaltung der Bi-Zone soll deutsche Stellen übergeben werden. Landtage wählen Wirtschaftsrat, dieser wählt am 24. 7. 1947 Direktoren von fünf Wirtschaftsverwaltungen
30. Mai		
5. Juni	Interzonenkonferenz der deutschen Ministerpräsidenten in München	US-Außenminister Marshall bietet Hilfe für Wiederaufbau Europas an (ERP)
15. Juni		
22.–27. August		Absprache zwischen USA, Großbritannien und Frankreich über Ruhrgebiet und Verteilung der Ruhrkohle
5. Oktober		Landtagswahlen im Saargebiet
9. November		Saar-Landtag beschließt Verfassung, politisch autonom, wirtschaftlich an Frankreich anzugliedern
25. Nov. bis 15. Dezember	Londoner Konferenz der Außenminister. Keine Einigung über Zentralregierung, Friedensvertrag, Reparationen	
6.–7. Dez.		

1948

Zeit	Politische Ereignisse, allgemeine	Politische Ereignisse, Westzonen
23. Febr. bis 6. März		Sechs-Mächte-Konferenz über Deutschland in London: USA, Großbritannien, Frankreich, Benelux-Staaten. Empfehlen: wirtschaftliche Eingliederung Westdeutschlands in Westeuropa, verfassunggebende Versammlung für Westdeutschland
17.–18. März		
20. März	Sowjetischer Vertreter Marschall Sokolowski verläßt Alliierten Kontrollrat in Berlin aus Protest gegen Londoner Empfehlungen. Kontrollrat wird arbeitsunfähig und tritt nicht mehr zusammen	
1. Juni	Sowjetische Delegation stellt Mitarbeit in der alliierten Kommandantur Berlin ein. Damit Viermächte-Verwaltung der Stadt arbeitsunfähig	
20. Juni		Währungsreform

itische Ereignisse, Sowjetzone	Zeit	Allgemeine Ereignisse/Kultur
3 Industriebetriebe als Sowjetische Aktien-sellschaften in sowjetischen Besitz überführt		Literatur: Nur wenige Bücher, aus Materialmangel. ro-ro-ro-Taschenbücher. Hermann Hesse Nobelpreis für Literatur. Nachholbedarf: Literatur und Theater des Auslands. Emigranten-Literatur. Zeitkritische Literatur: Bewältigung von Vergangenheit und Gegenwart. Veröffentlichung von »Schubladendichtung« der NS-Zeit
		Musik: Deutschland lernt Zwölftonmusik kennen
		Bildende Kunst: Begegnung mit der modernen »entarteten« Kunst der Emigranten
ahlen in der Sowjetischen Zone: Landtags-hlen: SED 47,5 %, CDU 24,5 %, LDPD 24,6 %		Kabarett: Düsseldorfer Kom(m)ödchen. Münchner Schaubude, Film: »Die Mörder sind unter uns«
	Januar	Deutsche Radiostationen bringen wieder volles Programm
		Lebenshaltung erreicht 1947 Tiefpunkt. Protestkundgebungen in vielen Städten wegen unzureichender Versorgung. 24 Stunden Generalstreik in Bayern
		Schwarzmarkt- und Schiebergeschäfte. Zigarettenwährung: 1 »Ami« 20 RM, 1 Pfund Butter 400 RM
		Hamsterfahrten der Stadtbewohner und Tauschgeschäfte von Sachwerten gegen Nahrungsmittel
	Mai	Kriegsverbrecherprozesse
		Versuche zur Schulreform
rgwerke werden verstaatlicht		
		Filmproduktion: »In jenen Tagen«, »Zwischen gestern und morgen«, »Affäre Blum«, »Ehe im Schatten«, »Berliner Ballade«
IAD überträgt wirtschaftliche Befugnisse auf utsche Wirtschaftskommission mit fünf deut-ien Zentralverwaltungen		
		Mode: »New Look«
olkskongreß« von SED einberufen. Kaiser und mmer lehnen Teilnahme der Ost-CDU ab	Herbst	Literatur: Gruppe 47 und die Zeitschrift »Der Ruf«. Thomas Mann: »Dr. Faustus«, Heinrich Mann: »Ein Zeitalter wird besichtigt«, Gottfried Benn: »Statische Gedichte«, »Der Ptolemäer«. Karl Jaspers: »Die Schuldfrage«, Friedrich Meinecke: »Die deutsche Katastrophe«. Zeitschriften: »Der Spiegel«
		Marshall-Plan-Hilfe für die Westzonen
		Erste deutsche Fußballmeisterschaft nach dem Kriege. Sieger: 1. FC Nürnberg
olkskongreß beschließt Bildung eines deutschen lksrates als »Gesamtdeutsche Volksvertretung«		Literatur: Im Widerspruch zur Situation der Zeit entsteht eine Blüte der Naturlyrik: Günther Eich, Karl Krolow, Wilhelm Lehmann. Bert Brecht: »Herr Puntila und sein Knecht«, Hans Fallada: »Jeder stirbt für sich allein«
	Februar	Max-Planck-Gesellschaft in Göttingen gegründet
	Mai	Gedenken an Nationalversammlung 1848 in der wiederaufgebauten Frankfurter Paulskirche, mit US-Hilfe entsteht in West-Berlin die Freie Universität
ährungsreform (24. Juni)		

Impressum:

Bildnachweis:
Titelphoto: Kurt Zentner, Aufstieg aus dem Nichts, Bd. 2, Köln/Berlin 1954, S. 15
Erich Andres, Hamburg: 18/19, 19, 47, 58, 58, 72, 106/107, 116, 126, 128, 128, 147, 170, 171, 179, 182, 193
Associated Press, Frankfurt/M.: 65, 183
dpa, Hamburg: 34, 37, 95, 97, 98/99, 125, 143, 156, 188/189, 191, 192
Wolfgang Etzold, Hamburg: 60/61, 84/85, 122/123, 123, 123, 140, 141, 162, 172, 172, 173, 176/177, 180/181
Keystone Pressebild GmbH, Hamburg: 36/37, 40, 41, 42/43, 46, 48/49, 50, 86/87, 91, 124/125, 135, 146
Pressebilderdienst Kindermann, Berlin: 47, 62, 88, 124, 129, 136, 149, 160, 174
Landesbildstelle Berlin: 150
Staatliche Landesbildstelle Hamburg: 44/45, 56
Ursula Litzmann, Kreuzau-Bielstein: 20/21, 22/23, 120, 120/121, 142
Sammlung Menningen, Frankfurt/M.: 182
Mittelrhein Museum, Koblenz: 35
Hilmar Pabel, Umrathshausen: 17, 38, 55, 56/57, 64, 66, 108/109, 110, 126/127
Bildarchiv Preußischer Kulturbesitz, Berlin: 96, 114/115, 148, 148, 174, 178, 189
Otfried Schmidt, München: 24, 68, 85, 92/93, 94, 96/97, 157
Bilderdienst Süddeutscher Verlag, München: 35, 39, 57, 62, 63, 63, 65, 68, 70, 71, 84, 86, 90, 93, 94/95, 104/105, 118/119, 120, 130, 136, 137, 142, 145, 145, 157, 158/159, 161, 161, 190, 190, 192, 194
Ullstein Bilderdienst GmbH, Berlin: 14/15, 16/17, 33, 41, 59, 67, 69, 89, 93, 100, 116, 117, 138/139, 140, 144, 146, 147, 154/155, 169, 175, Karte. S. 195
Kurt Zentner, Aufstieg aus dem Nichts, Bd. 1, Köln/Berlin 1954, S. 39: 184

Benutzte Quellen:
Der Spiegel, Jg. 1947 und 1948;
Die Welt, Jg. 1946, 1947 und 1948;
Die Zeit, Jg. 1946, 1947 und 1948;
Die Tat, Jg. 1946, 1947, 1948;
Süddeutsche Zeitung, Jg. 1946, 1947, 1948;
Rheinischer Merkur, Jg. 1947, 1948;
Der Morgen, Jg. 1947,
Siegfried Lenz, Lehmanns Erzählungen, Hamburg, 1964 ff., S. 24 – 27, 53, 56 – 58

1. Auflage 1979

Projektleitung:
Hans-Helmut Röhring
Redaktion:
Frank Grube
Gerhard Richter
Design:
Jan Buchholz und Reni Hinsch
Satz:
Alfred Utesch GmbH, Hamburg
Lithographie:
Otterbach Repro KG, Rastatt
Gesamtherstellung:
G. Canale & C. S.p.A.
Printed in Italy
ISBN 3-455-08879-1